高校文化育人探索研究

主编　朱建军　魏　刚　杨　诚

吉林出版集团股份有限公司 | 全国百佳图书出版单位

图书在版编目（CIP）数据

高校文化育人探索研究 / 朱建军，魏刚，杨诚主编
. -- 长春：吉林出版集团股份有限公司，2020.11
ISBN 978-7-5581-9402-3

Ⅰ．①高… Ⅱ．①朱… ②魏… ③杨… Ⅲ．①高等学校—文化素质教育—研究—中国 Ⅳ．① G640

中国版本图书馆 CIP 数据核字 (2020) 第 243566 号

高校文化育人探索研究

GAOXIAO WENHUA YUREN TANSUO YANJIU

主　　编：朱建军　魏　刚　杨　诚
出 版 人：吴文阁
责任编辑：陈佩雄　孙　璐
装帧设计：艺恒文艺
开　　本：710mm × 1000mm　1/16
字　　数：200 千字
印　　张：13.75
版　　次：2020 年 11 月第 1 版
印　　次：2021 年 05 月第 1 次印刷

出　　版：吉林出版集团股份有限公司
发　　行：吉林音像出版社有限责任公司
地　　址：长春市净月区福祉大路 5788 号出版大厦 A 座 13 层
电　　话：0431- 81629660
印　　刷：定州启航印刷有限公司

ISBN 978-7-5581-9402-3　　定　　价：56.00 元

作者简介

朱建军，男，1972 年 5 月出生，汉族，重庆忠县人。大学本科学历，副教授，长期从事高校学生思想政治教育和管理工作。现任四川师范大学党委常委、组织部部长。

魏刚，男，1981 年 5 月出生，汉族，四川广元人。研究生学历，经济学博士，副教授，硕士生导师。现任四川师范大学党委组织部副部长兼党校办公室主任。

杨诚，男，1980 年 1 月出生，汉族，四川安岳人。研究生学历，法学硕士。现任四川师范大学党委组织部副部长。

前　言

本书就如何进一步创新文化育人方法、深化文化育人基础建设、健全文化育人长效机制等问题进行了研究和探索。在文化强国战略下，发展中国特色社会主义文化，培养具有社会主义核心价值观的人才，是提高我国综合国力的必然要求，也是我国高等教育的一项重大历史使命。

本书从高校文化育人目标及要素、机理等特征点入手，首先对我国高校文化育人现状进行分析，并从人学角度对高校文化育人工作进行分析，随后对我国高校文化育人的相关影响因素逐一展开分析，着重分析了校园文化、时代要求、红色文化等几大要素对文化育人工作的关联关系，并对如何开展好高校文化育人工作提出合理化建议及解决策略，以期为我国高校培育符合时代要求的优秀毕业生提供帮助。

全书共计 20 万字。朱建军担任第一主编，统稿全书，负责第一、二、三章；魏刚担任第二主编，主要负责第四、五、六章；杨诚担任第三主编，主要负责第七、八章。

目 录

第一章　文化育人综述及特征

第一节　相关概念及文化育人特征

高校文化育人的效应及其实现的研究离不开基本概念的界定，根据学术界研究的脉络和本文的研究需要，本节对校园文化、高校文化和高校文化育人这三个核心概念进行了梳理。

一、高校文化的概念

高校文化属于学校文化。学校文化作为校园文化的丰富和升华，被学者们赋予不同的内涵。例如：朱颜杰认为，“所谓学校文化，是指一所学校内部所形成的为其成员所共同遵守并得到同化的共同理想、价值体系和行为准则的总和。”古广灵等认为，“学校文化是学校办学过程中所形成的比较稳定的、为广大师生所认同的、具有学校特色的办学理念、学校精神、文化价值观念和学生文化的总和。”臧动认为，“学校文化是所有学生和教职工共同创造积淀并遵循的办学思想、价值观念、行为规范和规章制度、学校作风与传统的总和以及体现上述内容的各项行为方式和物质载体。”学者们对学校文化仁者见人、智者见者，但其核心总是绕不开学校在长期发展过程中所形成的价值观。学校按发展阶段又可分为幼儿园、小学、初中、高中、大学。结合高校的特征和学校文化的本质，笔者认为高校文化是指高校在长期的发展过程中，为追求和实现育人目标而逐步创造和形成的文化形式和观念形态总和，主要包括高校的思想观念、行为准则、规章制度、道德规范、校风校貌、学校精神和学校形象等。高校文化按照内在构成，由内及外，可分为精神文化、制度文化、物质文化和行为文化。

二、高校文化育人的概念

文化育人一词的来源，可追溯到《周易》的《贵卦·象传》，“刚柔交错，天文也；文明以止，人文也。观乎天文以察时变，观乎人文以化成天下”，按字面意思理解，即用文化来培养、教育人。

国内关于高校文化育人的研究起始于20世纪90年代，目前已经取得了丰硕的研究成果，但学者们并没有明确提出高校文化育人的概念，只是在探讨文化育人时，通常将其放置在高等教育内，或与学校连接在一起，隐含了高校文化育人这一概念。例如：章兢、何祖建认为：“高等教育的最高价值在于培育全面发展的人，文化育人作为素质教育的一种模式通过文化价值等各种非智力因素以有机整体的面貌介入，共同构成对人的成长成才发挥推动促进作用的内在动力因素，从而达到‘文而化之’的目的。”张影指出，高校要把“文化作为载体和手段，使培养对象形成正确的、科学的人生观、世界观与价值观，形成健全完善的人格和品格”。张德江从教育环境角度指出，学校通过“文化建设形成一个无时不在、无处不有的浓厚的育人环境和氛围，使学生身在其中、耳闻目染，自然而然地被熏染和养成”。朱庆葆指出，“大学要将自身生产和保存的核心信仰、艺术、道德、知识等精神文化和制度文化传递给学生，将体现大学精神和人文主义的自由、民主、独立等传染给学生，也就是以先进的文化熏陶人，以高尚的精神塑造人，以崇高的理想引导人。”但高校文化育人究竟是什么？笔者认为，高校文化育人是指高校作为文化育人的主体，致力于运用文化的力量，培养具有坚定的理想信念，正确的世界观、价值观、人生观，良好的道德品质和全面的综合素质的学生的过程。它更强调高校用文化能动地培养学生的过程，并不仅仅将文化限定在学校范围内，也不仅仅关注文化自身，而是将高校、文化与育人联系起来，实现三者的有机统一。

三、高校文化育人的特性

研究高校文化育人，是因为其在育人方面具有特殊性，这也是本文理论的基础和研究的价值所在。高校文化育人的特性有以下四个方面：

（一）隐性育人和显性育人相结合

从内容上，既要运用看不见、摸不着，却又实际存在着的观念形态的文化因子，如学校气氛、舆论、风气、人际关系、心理、传统等，使学生长期受影响；又要运用物化形态文化因子，如建筑、雕塑、画像、标语等，直接影响学生。在方式上，高校文化育人不仅要以间接的、内隐的、渗透的方式无形地熏陶着学生的精神、气质、意识等，而且要以有计划、有组织的文化灌输，如课程、讲座、知识竞赛等来提高学生知识水平。从发生机制上，高校文化育人既要通过学生无意识的、非特定的心理反应，又通过要学生主观的、有意识的吸收，共同达到育人的目的。在结果上，学生的改变并不能在短时间明确地表现出来，只有经过一个长期的过程，才能收到显著的效果。

（二）感性育人和理性育人相结合

高校文化育人具有感性育人和理性育人相结合的特性，一方面是指高校既要通过浅层次的、感官的文化来刺激学生的感性认识，又要通过深层次的、系统的文化来培养学生的理性认识；另一方面，感性育人是针对学生而言的，学生置身于高校的文化环境中，通过自我的感知，受到文化潜移默化的熏陶、感染和影响。理性育人，是针对高校而言的，高校要围绕培养人才的目标，把握正确的方向，探索文化育人的规律和学生成长成才的规律，通过文化的内在感化和外在约束力量，为高校育人服务。

（三）核心育人和整体育人相结合

文化的核心是以精神文化为表现形式的价值观，这是高校文化育人的最本质的力量。高校发挥凝聚在文化中的价值观的感召力和作用力，引领学生的世界观、人生观和价值观。同时，世界观、人生观、价值观又是人精神世界的核心和支柱。因此，文化的核心虽然是价值观，但精神文化、制度文化、物质文化、行为文化构成了一个有机联系的整体。高校文化育人，是将文化看作一个整体，发挥各个层次的文化作用。同时，整体育人是指高校不仅要重视对学生价值观的引领，还要强调学生知识的增长、能力的锻炼、审美的提升、体力的强健、品格的塑造、道德的提高等，要致力于培养具有正确价值取向的德智体美劳全面发展的人才。所以，整体育人，既用文化整体来育人，又育人的整体素质。

第二节　文化育人要素、机理及实施条件

作为一种具体的文化教育实践，文化育人有育人主体、育人客体、育人媒介和育人环境四个基本要素，它们相辅相成、密切配合，共同构成相对稳定的要素结构；文化育人具有自身内在的运行机制，实际上，文化育人的过程就是文化价值客体主体化的过程，实现文化价值客体主体化具有其内在机制。文化对人具有天然的影响，要充分发挥其育人功能，有效实施文化育人，需要从根本上满足一些基本条件。

一、文化育人的基本要素

任何一个事物的存在都有其自身的构成要素。“文化育人”作为文化教育实践活动，也有其基本构成要素，即育人主体要素——教育者、育人客体要素——大学生、育人媒介要素——文化载体、育人环境要素——以先进文化为主导的文化环境，这四个要素都是“文化育人”得以发生和实现的关键性因素，缺少它们中的任何一个，文化教育意义上的文化育人都无从实现，并且每一个要素都不能孤立地存在，独自实现文化育人，而是四个要素相辅相成、密切配合。

（一）育人主体要素——教育者

教育者是组织实施文化育人实践的主体，是文化育人的一个基本构成要素。文化育人主体，是指以文化教育为目的通过文化手段进行育人的主动行为者，这一主动行为者，统称为教育者。教育者既可以是具有主动教育功能的组织，也可以是教育组织中的个人或者由多人组成的群体。本文讨论的文化育人的施教主体是文化育人实践活动的真正设计者和组织者——人，即高校教师和从事教育教学管理的管理者。

教育者在文化育人过程中的根本职能就是价值引导，即“以社会的要求为准绳，科学地影响教育对象，不断把教育对象的思想政治品德提升到社会需要的水平”。具体体现在三个方面：即按育人计划，组织、设计和实施文化育人活动，采取多样化的方式方法调动和发挥教育对象的主体能动性，本着价值主导原则引导教育对象思想品德向社会要求的方向发展。教育者在文化育人过程中的根本职能是文化教育，在他们身上具有共同的职业特点，最为突出地体现在如下几个方面：

第一，充满社会主义文化自信。坚定中国特色社会主义道路自信、理论自信、制度自信，说到底是坚定文化自信，文化自信是更基本、更深沉、更持久的力量。文化自信是根植于人内心的一种信念，是对自己国家、民族创造的文化价值的一种认同和肯定。中华民族要繁荣振兴，需要有高度的社会主义文化认同与文化自信。教育作为社会主义文化自信生成的源头活水，教育者从中承担重要角色，发挥重要作用了，他们是文化自信的引领者。要给学生一杯水，自己要有一桶水。在引导学生树立社会主义文化自信之前，自己首先要让自己一往情深地融于中华民族优秀传统文化，满腔热情地投身于社会主义伟大建设实践之中，成为充满社会主义文化自信之人，这是职业角色使然，也是职业责任使然。

第二，具有传播社会主义先进文化的自觉。讲好中国故事、传播好中国声音是高校教育工作者的一项重要使命，他们不仅要成为充满社会主义文化自信之人，还要成为自觉传播社会主义先进文化之人。当代大学生成长于全球化和社会改革开放时期，没有经历过革命战争的洗礼，没有品尝过社会主义建设与发展的艰辛，对中国博大精深的文化很难有深刻的理解和把握。这就需要教育者要主动宣传社会主义核心价值观，弘扬中华民族优秀传统文化，澄清模糊认识，以增强大学生对中华民族文化的认同。在文化育人实践中，教育者要牢记使命，自觉传播社会主义先进文化。

第三，具有文化价值主导性。一个学校能否为社会主义现代化建设培养出合格人才，“关键在教师”，具体讲在教师的文化价值主导性，即教师“在文化教育实施过程中发挥其主导作用方面表现出来的积极属性”。同样，在文化育人过程中，教育者也具有文化价值主导性。随着文化全球化和改革开放的不断深入，社会上各种思潮林立，中西方文化价值相互交锋、渗透，人们的价值观念朝多元化方向发展。在这一社会背景下，中国文化要健康发展，必须坚持一元主导与多样发展相结合。一元主导体现在文化育人上，就是用社会主义先进文化为学生成长成才提供正确方向和精神动力，落实好“立德树人”根本。在育人过程中，教育者是教育计划的执行者、教育活动的设计者和组织者，他们按照一定的教育计划，设计文化育人活动，并将文化教育信息融入育人活动之中，通过文化渗透的方式影响教育对象的思想价值观念，引导其朝着国家主导文化方向发展。从学生角度看，他们作为受教育者，正处于价值观形成的重要时期，思想观念尚未完全发展成熟，思想行为尚不稳定，对文化价值的领悟力、判断力等都有一定的局限性，面对复杂的社会现象和良莠不齐的多样化价值观念，他们很难做出精准的判断和正确的文化选择，需要教育者根据其身心发展水平进行有针对性地教育和引导。因此，在文化育人过程中，教育者始终体现出文化价值的主导性。

作为文化育人者，除了具有上述三个突出特点之外，他们还重视将显性文化教育与隐性教育相结合，充分发挥文化的潜移默化地教化人、影响人的功能。教育者是文化育人活动的发起者和主导者，没有教育者，文化育人就没有了施动者，也就不是基于文化教育目的而实施的文化育人。因此，教育者在文化育人基本构成要素中不可或缺。

（二）育人客体要素——大学生

文化教育活动的对象都是其教育客体，主要有两种，一是指人客体，二是指物客体，如教育的内容、工具、方法、资源等。进行文化教育的最终目的是培养人、塑造人。因此，本文中主要探讨文化教育的人客体，即高校文化育人的对象——大学生。

大学生在文化育人过程中是教育对象，其主要任务就是接受主体引导，学习、适应和内化，不断提高自身素质，同时积极调动自身的“主体性”因素，在文化育人过程中，充分表现出自身的特性，参与并影响育人过程。大学生与教育者之间的关系建立在平等和相互尊重的基础之上，即“主体尊重客体的特点和接受教育的规律……客体尊重主体的引导。”在这一过程中，大学生不断地自我完善。

大学生正处在青春时期，是价值观形成的关键阶段。在这一阶段，他们表现出鲜明的特点。

第一，大学生具有鲜明的主体性。大学生的主体性，主要是指在文化育人过程中，大学生对教育者传递的社会主义先进文化价值理念能够独立地做出判断和选择，主动接受先进文化的积极影响，自觉进行内化并积极调节行为，将自己的文化价值理念落实到行为实践，并在实践过程中不断完善自身品德。实际上，教育者传递的任何文化教育信息和文化价值观念，都是外部的客体，只有通过主体的吸收内化、并外化行为实践，文化育人才收到了应有的实效。如果没有主体的自觉参与，任何教育都等于零。从这个意义上讲，大学生的主体性是一种“自觉能动性”，是“接受教育的主体性”。大学生的主体性主要体现在：

处在快速成长期的大学生，不仅身体上发育迅速，体力精力旺盛，而且成人感和独立意识明显增强，求知欲望强烈，对外界信息反应灵敏，这使得大学生在文化育人过程中表现出积极接受先进文化思想、主动汲取文明营养的主观能动性，表现出乐于独立思考并做出价值判断和选择的自主性，表现出大胆实践、勇于探新、不断突破自我的实践创新性。

大学生作为教育对象，具有主体性，但在文化育人过程中并不居主导地位，不能承担文化育人的主要责任，不能作为文化育人的主体。因此，在文化育人过程中，有必要充分调动学生的积极性，尊重学生主体性的发挥。

第二，大学生具有极强的可塑性。“科学教育之父”赫尔巴特在其著作《普通教育学》中明确提出人具有“可塑性”。所谓可塑性，是指文化教育对象的思想品德是可以经由环境的影响和教育者的作用加以塑造的，即教育对象的思想行为通过教育能够向符合社会要求的方向发展。人的思想文化观念和道德品质不是自发形成的，而是在一定的文化环境影响和文化教育作用下，在社会文化生活实践中逐渐形成并不断发展的。可塑性强调的就是“人性的生成性、交互性、可教化性和内在主动性”。教育对象的可塑性是教育者实施文化育人的基本前提和内在依据。

大学生正处在各种心理活动异常活跃、急剧变化的年龄阶段，认识容易偏执，情绪容易走极端，意识有时执拗，且容易受外界的影响，存在着明显的不稳定、可塑性大的特点。大学生在文化育人中的可塑性，主要涉及思想文化认知方面的可塑性、文化价值判断与选择能力的可塑性、文化道德内化与外化转化能力的可塑性、文化道德实践能力的可塑性等。

文化育人是教育者有目的、有组织、有计划实施的育人活动，在教化人、塑造人方面具有非常突出的作用。实施文化育人，要坚持以学生发展为本，充分关注大学生的主体性和可塑性，尊重学生成长规律，对大学生的文化思想与品德塑造施加有益的影响，促使大学生全面提升自身的综合素质。

二、文化育人的内在机制

文化育人作为一个文化价值的客体主体化过程，实现文化价值客体主体化的内在机制主要有人化与化人互动机制、文化认同机制、文化内化与外化机制、感染与模仿机制。主要表现在：其一，文化是在“人化”与 “化人”的双向历程中生成的结果。其二，个体思想的形成是文化认同机制发生作用的结果。其三，文化育人强调文化知识内化为个体自身的思想、情感及行动中的文化自觉。其四，模仿与感染相伴而生，受教育者在一定文化情境感染下会做出一种类似反应性行为。这些都是文化育人实践中的重要教育机制。

（一）人化与化人互动机制

从文化生成的基础看，文化总是以人的主体性实践为基础，是人依照自己的目的和意愿“向文而化”（即“人化”）。离开文化主体人的“向文而化”，文化便失去了可以生成的基础。人 “向文而化”有两个向度：一是向外扩张，即按照“人”的发展需要和理想不断改变人的外部世界，使外部世界“人化”。二是向内完善，即按照“人”的发展需要和理想不断提升和完善自我，实现人自身的“人化”。其中，人自身的“人化”离不开文化的参与。无论是因为人作为一种历史性的文化存在，还是因为人作为世界不可分割的一个重要组成部分，人的提升与完善都离不开外部世界文化的孕育和影响，都要经历文化“化人”的历程。正如舒扬教授所言，“文化像人的血脉一样，贯穿在特定时代、特定民族、特定地域的总体性文明的各个层面中，以‘自发的’、‘内在的’方式左右着人类的生存活动”。从这个意义上讲，“人化”与“化人”共同构成文化生成的基础，二者均不可或缺。

从文化生成的历程看，文化是在“人化”与“化人”的双向历程中生成的。人创造文化，文化也塑造人。人与文化是一种双向构建的关系，这种关系主要体现在两个方面，一方面是人向文而化，简称“人化”，即人通过社会实践，将外部世界对象化，创造出丰富多彩的文化。人将外部世界对象化的过程，实际上就是人“向文而化”的过程。人在向文而化的过程中创造文化，发展文化。另一方面是文化“化人”，即人在外部世界文化的孕育下不断发展、提升。在文化化人的过程中，看似没有直接创造新的文化，但是促进了新的文化主体的生成，为进一步的文化创新发展奠定了基础。从这个意义上讲，文化生成于“人化”与 “化人”的双向历程中，是人与文化相互构建的结果。

文化生成的内在机制体现在 “人化”与“化人”的互动过程之中，这一互动过程就是“人类文化的原初生成和当代生成的共同规律”。“人化”与“化人”，作为文化生成的双向历程，二者彼此交融、循环往复、互生互动，文化就是在二者之间永不停息地双向互动中不断地生成着、发展着。

文化育人的过程是通过加强社会主义先进文化建设来促进人的全面发展的过程。在这一过程中，社会主义先进文化的发展与人的全面发展相辅相成、相互促进。其中，“发展社会主义先进文化”是人向文而化即“人化”的过程，是“人”对“文化”的构建；而以社会主义先进文化促进人的全面发展，是 “化人”的过程，是“文化”对“人”的构建。从这个意义上讲，文化育人的过程实质上也是“人”与“文化”双向构建的过程，文化育人的价值就是在“人化”与“化人”的互动机制中得以生成和实现的。

从“人化”与“化人”的互动机制可知，实施文化育人要着重从两个方面下功夫，一是加强社会主义先进文化建设，即在具体的文化育人活动中加强承载社会主义先进文化的文化载体建设，以增强文化化人功能，二是加强人的主体性建设，促进人的全面发展，以增强人在发展社会主义先进文化中的本质力量，即提升“人化”水平。

(二) 文化认同机制

文化育人强调以文化人，强调文化知识内化为个体自身的思想、情感及行动中的文化自觉。在这一过程中，起重要作用的是主体的文化认同。所谓认同是指个体人对个体之外的社会意识的价值和意义在认知和情感上的趋同，并促使个体自觉行为的一种心理倾向。认同可有多种指向，如民族认同、国家认同、文化认同等，其中，文化认同是最深沉、最持久的力量，处于最核心的地位。文化认同是指对一个群体、一个民族、一个国家文化身份的认同感，它是一种肯定的文化价值判断，“文化认同中的文化理念、思维模式和行为规范，都体现着一定的价值取向和价值观”。文化认同，对个体人而言，是个体人进行文化内化并形成自身文化价值观的重要前提；对于国家和民族而言，“是增强民族凝聚力的精神纽带，是民族共同体生命延续的精神基因”。

文化认同在“先进文化”和受教育主体——“人”之间扮演着非常重要的角色，它是文化价值由“先进文化”客体向文化主体“人”转移的中转站，是实现文化价值“客体主体化”的必要条件，也是文化育人功能得以实现的前提和基础。

文化认同分为外显认同和内隐认同。二者之间的关系，既相对独立，又紧密联系、相互促进。外显认同能够促进内隐认同的发展，反之，内隐认同又能促进外显认同的发展。一般而言，文化在人的心理内化过程中，是遵循从外显认同到内隐认同的秩序构建的。作为文化内化的前提，文化认同是个体思想形成的重要基础。

文化认同机制，蕴含于个体对文化的外显认同和内隐认同过程之中。外显认同是个体对一种文化价值的明确认定与选择，它是个体态度转变中一个至关重要的环节。按照社会心理学的观点，个体态度的转变分为“服从”“认同”“内化”三个阶段。其中，“服从”是迫于外在压力或权威而表现出来的短暂性顺从。服从并不意味着认同，它只是表面上的顺从，并且很容易改变。“服从”是个体在外部压力下对“你要我怎样做”的一种形式上的配合。“认同”是“服从”的进一步深化，表示个体不再是被动地服从，而是从内心开始主动地认可和接受一种文化价值，体现出个体自我的价值判断和价值选择，但这种价值判断和价值选择只是发生在思想观念层面，还没有成为自己的行为习惯，也较易因外界影响而发生变化。“认同”为“内化”奠定了基础，使“内化”具有了发生的可能。“内化”是认同的进一步深化，是个体对某种文化价值认同的固化性结果。所谓固化性，主要是指一种文化价值经个体内化之后，转化为个体相对稳定的行为、信念，并在实践中以持续一致的方式得以显现，表现为个体相对固定的思想行为习惯。

总之，个体态度转变的过程，是一个从“你要我怎样做”向“我要怎样做”转变的过程，是一个由被动服从向主动践行转变的过程。在这一过程中，外显认同强调个体明确而自主的价值判断和价值选择，强调对社会主导文化价值观念的积极认同。它是个体态度转变的关键性环节，既为改变个体被动“服从”的状态提供了心理基础，也为接下来的文化“内化”提供了心理上的驱动力，并使三个环节由前至后逐步深化，有效承接，形成联动，在促进个体态度转变的过程中发挥着至关重要的机制性作用。

内隐认同是个体对外在观念影响的一种接纳方式，也是个体认知与学习的一种重要方式。多数情况下，个体对外部的影响是在不知不觉、潜移默化中自然接受的，具有影响发生的内隐性，即内隐认同。内隐认同的内隐性在于个体思想观念的更新、发展变化都是以潜隐不显的、个体不知不觉的方式进行的。通常情况下，外在观念在个体身上发生的影响作用，以及个体文化价值观念的习得与养成，大多是以内隐认同的方式进行的。可以说，个体思想形成的过程在很大程度上是个体对其发生影响的文化之内隐认同的过程。内隐认同作为个体思想形成的重要机制，在个体接受外部文化的影响中发挥着重要的作用，对个体行为的选择也起着决定性的作用。

个体对外部文化价值的判断和选择，是文化认同的重要结果。作为个体思想形成的重要机制，文化认同是外显认同和内隐认同的综合体现，虽然说个体对外部文化的接受，以及个人思想的形成，多数情况下是潜移默化、非自觉的，是内隐认同的结果。但外显认同作为个体认知和学习的一种重要方式，在人的思想形成过程中不可或缺。个体对外部文化影响的接受过程，不是仅凭单一的外显认同或内隐认同就能实现的，而是两种认同机制共同发生作用的过程。从这个意义上讲，无论是文化外显认同，还是内隐认同，都是个体思想形成的重要机制，都在文化育人过程中发挥着不可或缺的作用。因此，实施文化育人时对外显认同和内隐认同应该予以同样的重视。

三、实施文化育人的条件

文化有先进文化与落后文化之分，文化对人的影响也根据其是否具有先进性而分为正面的或负面的影响。尽管文化对人的影响是一种必然的客观存在，但文化育人中的“育”具有鲜明的价值指向性，是指文化教化人、培育人，特指文化对人的积极影响。只有当文化对人产生正面的积极影响时，文化对人的作用才称之为育人作用。而实施文化育人，核心目标在“立德树人”，更不能任凭文化自发、自在地影响于人，也不能脱离一定社会历史条件下人与社会文化的发展实际去育人。从总体上看，实施文化育人对社会文化的发展、对文化主体的精神文化需要、对文化教育自身的发展都是有一定的条件要求的。在当今文化大繁荣大发展的文化强国时代，人与社会的现代化发展基本上能够满足文化育人的条件要求，主要体现在：社会文化的发展与成熟、人对精神文化的需求的提升、文化教育的人文精神凸显。

（一）社会文化的发展与成熟

文化的功能是“化人”，即影响人、塑造人。文化对人影响力的大小，取决于它所具有的文化势能和文化引导力，取决于它的先进程度。一个社会的文化发展进步成果，是这一社会文化的时代先进性体现，也是这一社会文化的成熟程度的体现。一个社会的文化越先进，文化发展就越成熟，其文化影响力就越强。

中国共产党是具有高度文化自觉和文化自信的马克思主义政党，它以马克思主义文化理论为指导，结合我国社会主义革命与建设实践，大力倡导和发展社会主义先进文化，积极建构中国化马克思主义文化的立场、观点和方法。它结合新民主主义革命、社会主义建设和改革开放各个历史时期的文化建设，创造了中国新民主主义文化和中国特色社会主义文化这两大先进的文化理论成果。中国新民主主义文化是“以毛泽东为代表的中国共产党人把马克思主义文化理论与中国新民主主义文化建设实践相结合而提出的一种新型文化”，它代表了当时中国文化发展的方向，为中国特色社会主义文化的形成和发展奠定了基础。中国特色社会主义文化是以马克思主义为指导的，面向现代化、面向世界、面向未来的，民族的科学的大众的文化。它是当代中国的主导文化，是中国先进文化的灵魂和发展根基。

中国特色社会主义文化是党领导中国人民进行社会主义伟大实践中，党和人民所表现出来的社会主义共同理想、忠心爱国的民族精神、改革创新的时代精神和社会主义荣辱观的丰富展现。党领导中国人民在几十年的社会主义伟大实践中创造了中国特色的社会主义道路、发展模式和快速崛起的丰功伟绩，充分展现了社会主义先进文化的强大生命力，体现了人类文化发展进步的方向。在中国文化走出去的实践中，作为展示中华文化魅力的孔子学院，在世界各国广泛开办。实践证明，中华文化已借孔子学院及其他诸多实践活动传向全世界。

在中国先进文化的发展建设过程中，中国共产党先后提出了“为人民服务，为社会主义服务”“百花齐放，百家争鸣”“洋为中用，古为今用”“三个面向”“社会主义先进文化建设”“文化强国”“构建社会主义核心价值体系”等文化发展理念，并最终凝炼形成了社会主义核心价值观这一中国先进文化的精髓。

随着社会主义先进文化思想体系的不断丰富与完善，中国共产党同时也领导人民开展了大量的社会主义先进文化建设实践，如在“三个面向”原则指导下建设社会主义精神文明、发展社会主义先进文化、构建社会主义核心价值体系、培育社会主义核心价值观等，有力地促进了中国先进文化的发展。其中，培育和践行社会主义核心价值观在当代中国文化建设中居于首要地位。我们要“把培育和弘扬社会主义核心价值观作为凝魂聚气、强基固本的基础工程”，“把社会主义核心价值观贯穿于社会生活方方面面”，“弘扬社会主义核心价值观，……不断增强全党全国各族人民的精神力量”，“坚定道路自信、理论自信、制度自信、文化自信”等，这些都充分表明当代中国先进文化的发展已经走向成熟。

在当代中国，从本质上讲，文化育人就是以社会主义先进文化影响人、塑造人和提升人，它更强调发挥社会主义先进文化的意识形态功能。中国先进文化发展得越成熟，它所具有的文化势能就越高，所具有的文化引导力就越强，它的意识形态功能也越容易得到发挥。从这个意义上讲，社会主义先进文化自身的发展与成熟是文化育人必要的前提条件。

（二）人对精神文化需求的提升

在当今世界，随着文化与政治、经济相互交融的不断深入，文化“越来越成为民族凝聚力和创造力的重要源泉，越来越成为综合国力竞争的重要因素，丰富精神文化生活越来越成为我国人民的热切愿望”。精神文化需要是人的文化主体性的体现，是人类特有的需要。“需要是人对物质生活条件和精神生活条件依赖关系的自觉反映。”人作为一种物的存在和文化存在，既有物质需要，也有精神文化需要。精神文化需要是人类特有的需要，它的内容十分丰富，如求知、审美、娱乐、道德、情感、尊重、自我实现需要等。它的形式更是多种多样，不胜枚举。精神文化需要以丰富和发展人的精神世界为目的，是人类对精神文化生活的能动追求与自觉反映，是人类追求自我主体价值的体现。马克思指出，“人以其需要的无限性和广泛性区别于其他一切动物”，这表明人的需要具有无限丰富性和无限发展性。人在满足衣食住行等物质需求的过程中，也会产生审美爱好、社会交往、感情归属、获得尊重、自我实现等丰富的精神文化需要，而且人们对精神文化生活的需要也会随着物质生活条件的不断改善而不断提升。精神文化需求的满足以物质需求的满足为基础，对物质需求的实现与发展又有着重大的推动作用，二者相互影响，相互促进，是一个协调发展、共同进步的过程。

人的精神文化需要由低到高大致可划分为三个层级，第一层级是最基本的精神适存需要，一般表现为在社会与精神交往中产生的爱情、友谊、尊重、归属等；第二层级是精神发展需要，表现为人们对科学的思想理论、正确的价值观念、高尚的道德情操、坚强的意志品质的追求；第三层级是精神完善需要，如对理想人格的追求、对人生最高价值的追求、对自我实现的追求、对理想社会的追求等。

随着我国人民物质生活水平的不断提高，以及人们物质需求的不断发展和满足，人们对精神文化生活也有了更多更高的追求，精神文化需求在人们生活中的地位日益凸显。人们开始高度重视自身的精神文化生活品质，求知求美求乐的愿望十分迫切，精神文化需求也空前强烈。目前我国已经进入消费需求转型、文化消费加速增长、文化消费结构优化、文化需求呈多元化发展的阶段，具体表现在：

第一，人们的消费需求转型。随着人们物质生活水平的提高，他们的文化需要得到了激发和释放，文化消费观念也随之转型。尤其是随着新型文化消费观念的兴起，人们的消费需求逐渐从生存型转向发展型、享受型，在基本的衣食住行等“刚性”物质需要得到满足后，人们开始注重与自身发展、生活享乐相关的教育、旅游、健美、娱乐等一些“软性”的消费，比如，为了谋求更好的发展，更好地实现自我价值，人们要参加各类学习培训，不断增加自己的文化资本；为了维护自己的形象尊严，不惜重金进行美容保健，购买时尚服饰、用品，对各种文化产品与服务追求品牌消费；为了享受生活，人们开始热衷于参加各种文化休闲娱乐活动，如旅游、听音乐会、唱卡拉 OK、现场观看运动比赛、参加文体活动，等，以使自己生活更有质量、有品味、有尊严。在人们消费需求转型的过程中，人们物质生活水平的提高和思想观念的解放起到了重要的促进作用。

第二，人们对文化消费的需要加速增长。随着人们生活水平的不断提高和消费需求不断向自我发展与享乐方面转型，人们的文化消费需要明显呈现出加强速增长的态势。有学者研究表明，文化消费的增长速度和居民收入的增长速度具有高度的一致性，居民收入稳步增长强力拉动着文化需要的增长。近几年，人们对精神文化生活更是空前重视，人均文化消费每年都有所增长，与物质需要相比，人们对精神文化需要的增速更快，而且呈加速增长趋势。

第三，人们的消费结构优化。随着人们文化素质的提高，人们的文化品位也在不断提升。人们的精神文化需要，从满足基本的精神适存需要，到满足追求价值观念、思想道德品质的精神发展需要，再到最高层级的追求理想人格和自我价值实现的精神完善需要，由低向高，逐渐提升。为满足自己的精神文化需要，人们更加注重提高自身素质，开始学习现代化的新媒体应用技术、接受高层次教育，开始享用较高层次的文化产品及服务。高雅的精英文化不再是知识分子、专家、学者等少数精英分子专享的文化，而是日趋面向广大群众，成为更多人共享的文化。同时，大众文化也迅猛发展，成为人民不可或缺的精神文化食粮。总之，在精神文化消费上，人们张弛有度，既要理想追求谋发展，又要享受生活乐当下；既追求着享受高雅文化的生活品质，又感受着走近大众文化的快乐，保持合理的消费结构。

第四，人们的精神文化需求向多元化发展。当今时代新媒体技术飞速发展、社会主义市场经济不断完善、马克思主义大众化深入发展、大众文化广泛兴起，社会能够提供给人们消费的文化产品和文化服务，内容无比丰富，既有精英的、高雅的，也有大众的、通俗的，涉及社会科学、自然科学、文学、艺术等一切领域；形式无比丰富，既有传统的，也有新兴的，通过各种各样的文化载体广泛融入人们的日常生活之中，人们消费十分便捷。随着人们可选择的文化消费项目和文化载体日益增多，人们文化需要的内容和形式也更加丰富多样，而且越来越多地利用现代化的科技手段来满足自身文化需要。随着人们文化生活品质的提升，人们精神文化需要层次也在不断提升，呈多样化发展，如今培训教育、旅游、网络平台、数字娱乐日益升温，为进一步发展社会主义文化奠定了基础。人对精神文化需求的提升，作为人的文化主体性发展的一个重要标志，是文化育人中不可或缺的人的能动性的体现，是实施文化育人的一个必要条件，而且人的精神文化需求层次越高，越有利于文化育人的有效实施。

第三节　高校文化育人目标

任何一种教育实践活动，都有其所追求的目标。文化育人作为高校文化教育的重要手段，其所追求的目标与学校人才培养、文化教育总体目标保持一致。文化育人作为一种特殊的文化教育活动，从思想道德建设的角度，体现了文化教育培育学生社会主义核心观的价值；从文化软实力建设的角度，体现了文化教育培养学生文化自信的价值，从整体教育的角度，体现了文化教育促进学生全面发展的价值。从总体上看，文化育人的目标有三个层次：一是立德，即培育社会主义道德；二是树人，即促进学生全面发展；三是增进文化认同，即培育社会主义文化自信。其中，培育社会主义道德是文化教育的核心目标，促进学生全面发展是文化教育价值追求的根本目标，培育社会主义文化自信是体现文化强国的基础目标。

一、培育社会主义道德

国无德不兴，人无德不立。文化育人的核心目标是立德，即培育社会主义道德。党的十八大报告要求把“立德树人”作为教育根本任务，为高校育人工作指明了方向。习近平总书记也多次强调我们要加强思想道德建设，培育和弘扬社会主义核心价值观，弘扬中华传统美德和时代新风，构筑中国精神，为中国特色社会主义事业提供精神动力和道德滋养。而文化育人作为以社会主义思想道德建设为核心内容的文化教育实践，其核心目标就在于立德，就在于用社会主义核心价值观凝魂聚力，立社会主义道德。它既强调“德”在人的综合素质中的核心地位，也强调“‘立德’是‘树人’的一种方式”。

文化是德育的不竭资源。人的思想品德的形成离不开知识教育，更离不开文化的滋养。知识教育更多地关乎思维，文化滋养则关乎整个人的存在，首先关乎人的心灵生长。正如刘铁芳所言，“优良的教育在任何时候都应该让个体找到生命的生长与生成感”“教育如不能激发个体自我成长的内在力量，则教育必然走向被动灌输，就不可能有健全自我的生长、生成”。文化滋养对人的思想品德的形成具有至关重要的作用。

文化育德的最高境界是培育社会主义理想人格。所谓理想人格，就是人们依据一定社会道德准则所力求实现的完美人格。它是时代精神的体现，离开一定的社会历史条件和社会实践，理想人格便无从谈起。社会主义理想人格所承载的内涵是随着社会主义社会现代化建设的发展而不断发展的。在改革开放初期，邓小平根据社会主义初级阶段的历史任务和战略目标提出了培育“四有”新人的思想。培育“四有”新人，就是适应中国特色社会主义现代化建设和中华民族伟大复兴的需要，培养有远大的共产主义理想，有高尚的社会主义道德情操，有深厚的科学文化知识底蕴，有克己奉公、廉洁自律精神的一代社会主义新人。塑造社会主义理想人格的基本目标就是培养“四有”新人。随着改革开放的不断深入和社会主义市场经济的不断发展，社会主义理想人格的内涵除了“四有”以外，还在身心素质、社会适应、人生态度、价值观念等多方面有所拓展，社会发展需要更全面的发展的人。人的全面发展“是逐步提高、永无止境的历史过程”。

二、促进学生全面发展

文化育人是要把学生培养成为德才兼备、全面发展的人才。强调立德为先，树人为本，除了立德之外，还要着力树人，促进学生全面发展，即使学生具备一定的专业知识和能力素质，并根据学生个人的兴趣、爱好、禀赋、倾向，对学生进行个性化培养，使其具有鲜明个性特点的专长。

人的全面发展“是社会主义社会的本质要求”。社会主义的本质是解放和发展生产力，而解放和发展生产力最关键的是要促进生产力诸要素中最活跃的要素——“人”的全面发展。人的全面发展是指“人的自我意志获得自由体现，人的各种需要、潜能素质、个性获得充分发展，也是人的社会关系的全面发展，是人的社会交往的普遍性和人对社会关系的控制程度的高度发展”。人的全面发展包括理性的文化自觉、高尚的思想品德、健全的个性人格、良好的艺术鉴赏力等各个方面综合素质的提升。是人在主体性发展中合规律性与合目的性的统一，是人真善美三境界的和谐统一，它是人主体性发展的最高境界。人的全面发展，体现为人与自然、社会关系的和谐统一，与社会主义先进文化发展相互影响、相互促进。

我们进行社会主义现代化建设，归根到底是为了促进人的全面发展。而在当今时代，随着改革开放的不断深化，经济、自然与社会三者之间协调发展的重要性也日益突显，从这个意义上讲，当代中国人的全面发展是全面深化改革开放，促进经济、自然与社会协调发展的需要。

党的十六大把人的全面发展作为建设小康社会的一个重要奋斗目标。党的十七大再次把人的全面发展上升为国家发展的战略高度。到了党的十八大，更是把“促进人的全面发展”纳入中国特色社会主义道路的内涵，同时强调要“不断在实现发展成果由人民共享、促进人的全面发展上取得新成效”。可见，促进人的全面发展是中国特色社会主义发展的终极目的。

人作为一种主体性的文化存在，能够创造文化，发展文化。而文化的化人功能，也使文化能够塑造人、发展人。人与文化二者相互构建，互生互动。从这个意义上讲，发展先进文化是促进人的全面发展的内在诉求，人的全面发展水平也是衡量先进文化建设的重要砝码。二者相辅相成、互为表里，辩证统一于中国特色社会主义建设的伟大实践之中。

高校实施文化育人，一个重要的目标就是通过发展社会主义先进文化来促进学生全面发展。发展社会主义先进文化，就是要建设以马克思主义为指导的社会主义文化，就是要以社会主义核心价值观为统领，培育大学精神，建设高品位的大学文化，实质就是建设社会主义精神文明，建设马克思主义文化阵地，就是促进当代大学生的全面发展。发展社会主义先进文化的根本任务，就是培养个性充分发展、德才兼备、身心健康、有社会责任担当、有艺术鉴赏力、富于创新精神的德、智、体、美、劳全面发展的人。要促进人的全面发展，既需要科学的理论武装和正确的舆论引导，也需要高尚的精神塑造和优秀的作品鼓舞。

人的全面发展并非一蹴而就，而是一个循序渐进地向自由迈进的历史过程。只有在生产力和生产关系高度发达的共产主义社会，人的全面发展才能真正实现。因此，社会文化发展每一个进步都意味着人在全面发展的进程中又前进一步。发展先进文化与促进人的全面发展，这两个过程相辅相成、辩证统一。人的全面发展需要有先进文化的教化和滋养，同时先进文化的发展也需要以人的全面发展为推动条件。

三、培育社会主义文化自信

在坚定中国特色社会主义道路、理论和制度三个自信基础上，还要坚定文化自信，强调它是“更基本、更深沉、更持久的力量”。要实现社会主义共同理想，推动中华民族伟大复兴，都需要有社会主义文化自信作为基础。文化育人主要是通过社会主义先进文化影响人、塑造人，增进大学生对社会主义文化的理解和认同，其最基础的目标就是培育社会主义文化自信。中共中央书记处书记刘云山指出，文化自信是“一个国家、一个民族、一个政党对自身文化价值的充分肯定，对自身文化生命力的坚定信念”。从根本上说，文化自信强调的是文化群体或个体对其本土文化的认同，包括对其文化价值的肯定、对其文化优势的确认、对其文化生命力的坚信。拥有高度的文化自信是坚持社会主义道路自信、理论自信和制度自信的前提和基础，是传承与弘扬中国传统文化的内在动力，是应对外来文化冲击与侵蚀的核心力量，是文化大发展大繁荣的思想根基和必然行动的力量之源。

“文化自觉是文化自信的思想依据和认识基础。”文化自觉，简言之，就是文化主体将自身的文化信念和准则主动付诸社会实践，是一种在文化上“自觉践行和主动追求的理性态度”。文化自觉是一种觉悟和理性，是文化主体对文化的自我觉醒、自我反省、自我创建，是对文化可持续发展的崇尚与追求。尤其是在文化全球化的社会背景下，文化自觉体现在人对自己的文化有自知之明，知道它的来历、形成过程和发展走向；面对错综复杂的局面，能以面向全球的视野和整体发展的观点对自己文化进行深刻反思，并给予准确的历史发展定位；自觉担当起进行正确文化选择和推动文化发展的责任，汲取一切对自己文化有益的成分，在文化融合创新中实现转型，以适应新的社会发展需求。

文化自觉与自信是推动文化繁荣发展、实现中华民族文化复兴的一个必要条件，也是文化育人的基础目标。尤其是在社会大发展大变革的当今时代，倡导文化自觉和文化自信，其目的就是要对自身文化持有清醒的认识和理性的态度，牢牢把握社会主义先进文化的前进方向。只有人的高度文化自觉，才能实现真正的、充分的文化自信。只有在全民族文化自信的精神支撑下，建设社会主义文化强国才能真正实现。

文化教育作为一种文化现象，它与社会主义先进文化在本质上是一致的，它所倡导的思想观念、教育内容都是社会主义先进文化的重要组成部分，二者辩证统一、相互补充完善、相互促进发展。因此，以文化教育为目的的文化育人实质上是以社会主义先进文化育人，其育人的根本目标是培养社会主义文化自觉与自信。培养高度的文化自觉和文化自信，是中华民族团结进取的力量源泉，是国家文化安全稳定的坚实堡垒，是社会主义文化繁荣发展的基础保障。

文化自信以文化主体对自身文化的认同为基础。对当代大学生而言，树立文化自信，从根本上说，就是要增强其民族文化认同，增强其传承和创新中华民族文化的信念与勇气。这是当代大学生树立文化自信的迫切需要，是全球化的时代发展赋予大学生文化教育的一项重要使命。

第四节　高校文化育人实践及启示

古今中外，高校文化育人的实践为我们当今探索高校文化育人效应及其实现奠定了基础。其中，中国古代书院、美国哈佛大学和英国剑桥大学在文化育人方面独具特色。本节以此为案例，具体分析其文化育人的具体做法，为高校实现文化育人的效应提供借鉴。

一 、中国古代书院文化育人的实践和启示

书院成于唐，兴于宋，延续一千多年，是我国教育、文化的宝贵财富。它自产生以后，在育人方面独树一帜，培养出大批的人才。它将儒家的仁义伦理体现在文化教育的各个方面，致力于培养生徒的理想人格。

（一）以儒家经典，浸润生徒的精神

中国古代书院作为组织化、制度化的教学组织，把有强大生命力和不断发展的儒家文化作为自己书院的教学内容。在书院的藏书中，大部分是儒家典籍。书院的主持者或讲学者通常也是儒家文化的集大成者，如兴复白鹿洞书院的朱熹，建镰溪书堂的周敦颐，创办龙岗书院的王守仁，讲学于崇阳书院的程颐、程颢等，他们主张生徒自修和研究儒家经典，在钻研经典中接受儒家价值观念和人生理想的浸染。其中，对中国书院影响深远的朱熹还为生徒制定了读书课程，要求生徒先读“四书”，依次从《大学》《论语》读到《孟子》《中庸》，之后，再读“五经”。理学家程端礼，为了使生徒贯通经史，制定了系统的读书课程计划《程氏家塾读书分年日程》。程端礼按年龄划分将读书阶段，主张生徒八岁前读《性理学训》《童子须知》；八岁至十五岁读儒家经典的正文，如《小学》《大

学》《论语》等；十五到二十岁，依次读《大学章句》《或问》《论语集注》等，后在抄读本经，并兼读《通鉴》《韩文》《楚辞》等。《程氏家塾读书分年日程》因其科学性和合理性，也被其他书院广泛效仿和采用。儒家经典也是书院教学的重要组成部分，如张拭的《论语解》《孟子说》、朱熹的《四书集注》都是书院师长们围绕儒家经典潜心研究而获得的重要的成果，也是书院教学的主要讲义。生徒在自我研读和师长传授儒家经典的过程中，不知不觉地将儒家“穷则独善其身、达则兼济天下”的思想内化为自我的精神内核，指导着自身修身、齐家、治国、平天下。

（二）以升堂讲说和会讲，启迪生徒的道德理性

中国古代书院生徒主要以自学为主，大部分时间专心读书、循规遵礼、自考自醒。书院生徒除了讲、读、习、写、观摩、醒思等日常活动外，也会举行升堂讲说。升堂讲说是师长面对众多学徒讲学的教学组织形式，类似于班级授课制，陆九渊在白鹿洞书院讲《君子喻与义，小人喻于利》是升堂讲说的典型实例。在讲学过程中，师生之间可以进行问难论辩，师长提问，学生回答，学生也可以反问教师，达到释疑、解惑的目的。持不同学术观点的学者也会举行会讲。

会讲相当于今天的学术研讨会，是与书院教学、学术活动相关的聚会。例如，由吕祖谦发起的，朱熹、陆九渊、陆九龄等人在鹅湖寺的关于理学和心学的鹤湖之会。会讲是学者的学术辩论，生徒也可参与其中。鹅湖之会，朱熹的门人连务、范念德，陆九渊、陆九龄的门人部斌、朱桴、朱泰卿也参加了这次聚会。会讲可以十天举行一次，也可以一个月、两个月举行一次，还可以按季节举行。随着书院的发展，形成了讲会。讲会是不同学术流派、学术团体或学术组织定期举行的讲学、会讲等活动，讲会活动有时间、地点和具体内容的规定。总而言之，不管是升堂讲说的问难论辩，还是会讲的学术辩论，以及不同讲会组织的学术争鸣，

都是为了穷理、致知，穷理和致知又是生徒获得道德理性的基础。因此，生堂讲说、讲会和会讲的活动是启发生徒道德理性的重要手段。

(三) 以日常礼仪规范、祭祀，潜化生徒的行为和心智

书院将生徒的日常生活置于礼仪之中，通过礼仪的约束训练、周旋揖让、洒扫应对中，培养生徒形成良好的道德习惯和行为模式，并使生徒的心智筋骸、志意性情发生变化。在书院的学规、学则中，记载了很多关于生徒日常礼仪的内容。程端蒙和董株制定的《程董二先生学则》最具有代表意义，其规定了生徒上课、下课、出入、会见宾客、称呼师长等公共礼仪，还对生徒的个人礼仪，如坐、走、听、看、说话、容貌、衣冠等提出了明确要求，详细如下："凡学于此者，必严朔望之仪。馑晨昏之令。居处必恭。步立必正。视听必端。言语必馑。容貌必庄。衣冠必整。饮食必节。出入必省，读书必专一。写字必楷敬。几案必整齐。堂室必洁净。相呼必以齿。接见必有定。修业有余功，游艺有适性、使人庄以恕，而必专所听。"每一条下面还有具体的说明，以必严朔望之仪为例，其内容是："以直曰一人主击板。始击，咸起，盥漱总相衣冠。再击，皆著深衣或凉衫升堂。师长帅弟子诣先圣像前再拜，焚香讫，又再拜，退。师长西南向立。诸生之长者，率以次东北向，再拜，师长立而扶之。长者一人前致辞，讫，又再拜，师长人于室，诸生以次环立，再拜，退，各就案。"书院通过这些详尽的礼仪规范，达到教育和训练生徒行为和心智的目的，使其习与智长，化与心成，从心所欲，不逾矩。祭祀、讲学和藏书并列为书院的三大功能。书院祭祀的对象可以是孔子，可以是学派的代表人物，也可以是与本书院相关的先贤、先儒。

祭祀有专门的仪式，根据《礼记》的记载，书院的祭祀典礼分为"释菜"和"释奠"两种，祭祀过程的每一个程序都有严格的规定，包括设香案、陈列祭品祭器、奏乐、行三献礼等。很多书院还设有祭祀用的祠堂。祭祀虽然有封建迷信、

神灵崇拜等消极的一面，但对生徒道德、礼仪、行为也产生过积极影响。通过隆重而宏大的仪式，用先贤、先师等模范人物的力量，在践履中使生徒的思想和行为得到潜化。

(四) 以自然环境和人文景观，陶冶生徒的性情

孔子曰：仁者乐山、智者乐水。书院大多建在远离尘世的山林之地，清净、幽美的外部自然环境为生徒们提供了修身养性的最佳处所。周敦颐开办的濂溪书堂坐落于庐山北麓莲花峰下，堂前有溪，干净凛冽；岳麓书院位于岳麓山下，湘江西岸，风光秀丽；嵩阳书院位于五岳之一的嵩山脚下，景色宜人。生徒们在宁静的山水间隐居读书，涵养心性。书院除了注重外部自然环境的选择，还重视书院内部建筑、景观布置，并以此来感染生徒的习性，提升生徒的审美情趣和生活理想。书院的书楼、斋舍、讲堂、祠堂等布置的整齐严肃，各种院规学则悬挂于书院内部的门壁四柱上，祠堂中挂有或塑有先师先贤的像，使生徒置身于严谨的秩序和氛围之中。书院的建筑群周围通常环绕着梅、兰、竹、菊、荷、松等植物，还配有亭、台、楼、阁、桥等建筑景观，增添生徒的生活情趣。清代岳麓书院设置了风荷晚香、柳塘烟晓、桃玛红霞、竹林冬翠、碧沼观鱼等书院八景，使生徒置身于优美的园林环境中，精神、性情得到感染和熏陶。除此之外，师长还会带生徒去游山玩水，考察名山大川，游历古城幽乡，在结伴游学中，在林泉山石中，在人文景观中，给予生徒启示和教诲。

(五) 中国古代书院文化育人实践的启示

中国古代书院可看作是高等教育的形式之一，其文化育人的具体做法对当今高校文化育人有着重要的启示意义。首先，高校要借鉴书院以儒家经典浸润生徒的精神的做法，继续推进社会主义核心价值体系“进课堂、进教材、进头脑”，

开设《马克思主义基本原理》《毛泽东思想和中国特色理论体系》《中国近现代史纲要》《形势与政策》等课程，开展马克思列宁主义教育、党的基本理论、路线、纲领和经验教育，中国革命建设和改革开放教育和基本国情教育，努力通过课程和教材使学生树立起崇高的理想信念；其次，高校要借鉴书院以会讲和讲会，感染生徒的道德理性，以祭祀、礼仪，潜化生徒的行为的做法，改进思想政治理论课的教学方式、方法，将文化教育渗透到教学、科研等各个方面，使所有教师负有育人职责，各门学科都发挥育人功能，并注重日常生活中的隐性教育因素对学生行为的规范和潜化。最后，高校要借鉴书院以自然环境和建筑，陶冶生徒的性情的传统，注重物质文化环境建设，发挥环境的熏陶、感染作用。

二、哈佛大学文化育人的实践和启示

哈佛大学作为美国高等教育的象征和世界著名大学的杰出代表，在文化育人方面也表现出独有的特征，主要通过课程改革、专业学院和学生社团体现出来。

（一）以课程改革促进学生的全面发展

课程在高校文化育人的过程中占据重要位置，哈佛大学把课程看作培养人才的基础，当课程不能适应经济、社会、文化的发展需要，备受争议时，课程评价委员会就会对旧的课程体系进行评价，并提出新的课程体系。按照时间先后顺序，哈佛大学的课程改革大概经过了六个阶段，从古典必修课程、自由选修课程，到集中分配课程、通识教育课程，再到核心课程和课程国际化，每个阶段的课程改革都试图在前一阶段的课程基础上有所改进和超越，使学生通过课程学习，朝更全面的方向发展。古典必修课程主要是沿袭中世纪大学的七艺，学生把基督作为学习的基础，宗教氛围浓厚，课程制度僵化。随着社会的发展，美国的大学理念突破了宗教的限制，逐步发展成了重视个人自由、崇尚学术研究。在这一理念下，哈佛对课程进行了改革，实行自由选修课程，尊重学生的个体差异，赋予学生自由选择的权利，但完全的自由选修使学生漫无目的、避难求易地选课，学生的学习质量有所下降，出现了博而不专、泛而不精的现象。为了弥补这一缺陷，哈佛大学又进行了课程改革，实施集中分配课程，重点是进行专业教育，并通过主修专业、课程分配、自由选修等培养既通又专的人。但二次世界大战使美国文化更加多元，需要建立美国共同的文化和价值观，因此哈佛大学推出了通识教育课程，把公民教育和专业教育结合在一起，培养美国社会的自由公民。由于通识教育课程在发展过程中出现了课程混乱、目标缺失的情况，哈佛大学又提出了强调基本技能和思考研究方法的核心课程，使得哈佛大学的课程体系也发展成了专业方向课程、自由选修课程、核心课程相互平衡的课程体系。随着全球化的加深，哈佛大学又试图在已有的课程体系基础上，通过课程改革，培养学生的国际视野。虽然哈佛大学的课程经历了一次又一次的改革，但基本目标都是培养全面发展的人，通过课程的合理设置达到育人的目的。

（二）以专业学院培养专业领域的领袖人才

哈佛大学的法学院、商学院、医学院、文理研究生院等专业学院实力都非常强，在培养各个领域的专家和领袖方面具有重要的影响力。哈佛大学的法学院是哈佛建立最早的专业学院之一，也是美国最古老的法学院。法学院最著名的就是的案例教学法，通过真实的事件和情境，促进学生参与课堂讨论。这一方法已成为被各大学广泛使用的、最为有效的教学方法之一。法学院的校友大多是美国法律界的领军人物，现任美国最高法院的九名法官中，有六名在哈佛大学法学院学习过。它开设了多门课程，几乎覆盖了所有的法律分支领域，学生来自世界上一百多个国家和地区。商学院也是哈佛大学最为著名的专业学院之一，美国教育界有这样一个说法：哈佛大学是美国所有大学中的王冠，而王冠上那最耀眼的宝珠，就是哈佛商学院。作为培养总经理、主管、商人的西点军校，哈佛商学院培养了世界五百强公司三分之二的高级管理人员。它通过开设专业必修课程和选修课程以及大量的案例教学，使学生快速地成长为能够独立思考和具有创造力的总经理。哈佛大学医学院因具有名诺贝尔奖获得者而举世闻名，哈佛大学的文理研究生院知名度也不亚于其他学院，尤其是在历史学、英语语言文学、心理学、经济学、物理学等方面，它培养了三十三名诺贝尔奖获得者，也是哈佛大学实施国际化战略的一个重要学院。其他学院，如教育学院、肯尼迪政府学院等也颇负盛名。总而言之，哈佛大学的专业学院通过雄厚的师资、充足的经费、不断的研究和教学为美国各个专业领域输送了一批又一批的顶级优秀人才。

（三）以学生社团发展学生的个性

学生社团是高校文化育人的重要载体，它突破了课堂教学的限制，拓展了学生成长空间，衔接了学校教育和社会生活。如果说课堂教学是集中性、普遍性的教育，那么社团则为学生的个性的张扬和创造力的发挥提供了平台。哈佛大学培养出了众多的政界、商界、科技界、文艺界人才，如肯尼迪、罗斯福、奥巴马等，他们都是学生社团的领军人物和社团活动的积极分子。哈佛大学的社团大致分为六类：一是信仰型社团；二是学术专业型社团；三是艺术类社团；四是服务型社团；五是地域性社团；六是社交型社团。哈佛大学对于社团的成立、审批、经费、活动开展、指导教师配备等有着严格的管理，以确保学生社团育人作用的发挥。哈佛大学的学生可在种类丰富的社团中，根据自己的实际情况，选择感兴趣的社团，通过丰富多彩的社团活动，使自我得到个性化的发展。

（四）哈佛大学文化育人实践的启示

哈佛大学以课程改革程促进学生的全面发展，以专业学院培养专业领域的领袖人才，以学生社团发展学生的个性，体现了高校文化育人的一个重要目标——培养学生的综合素质。当代大学生不仅要有全面的知识储备、完整的能力结构，而且要在艺术、体育等方面获得长足的发展；不仅要有求真务实的科学精神，也要有尊重人的价值、尊严的人文素养。哈佛大学文化育人的实践启示我们：高校要实现文化育人，要着力于培养学生的综合素质。高校可实施“大学生素质拓展计划”，建立包括思想道德、科技创新、社会实践、文体艺术、社团活动等多方面的综合评价体系，组织讲授教学、课堂讨论、专题讲座、主题活动、实践体验，并举办大学生科技文化节、艺术节、运动会等，完善学生的素质能力结构，促进学生的成长成才。同时，高校要实施“大学生全面素质教育工程”，建设素质教育基地，整合教育资源，加强师资队伍建设，把科学精神和人文素养教育涵盖到课堂教学、课外活动和社会实践中，并通过课程体系调整，要求文科学生学习工程技术与自然科学方面的知识课程，理、工、农、医科学生开设人文社会科学课程，如文学、历史、哲学、艺术等。通过以上措施和做法，不断提升大学生的综合素质。

三、剑桥大学文化育人的实践和启示

剑桥大学世界上最古老的大学之一，培养出了大批自然科学大师和社会科学方面的栋梁之材，其深厚的历史底蕴和文化沉淀，哺育了一代又一代的剑桥人。剑桥大学有很多值得我们借鉴的地方，但单从文化育人的角度，具体表现为以下四个方面：

（一）以优良的校风启发学生的才智和潜能

在剑桥大学，“此乃启蒙之所，智识之源”一直是其沿用至今的校训，彰显了深厚的历史文化背景和人文精神所造就的优良的学风。在剑桥，随处可见自觉刻苦学习的学生，学生入学时要宣誓："我已成为剑桥大学的一名学生，我要努力学习，努力为剑桥的发展做出贡献，以剑桥为荣……"剑桥大学本科生开设的必修课并不多，但学生的学业负却并不轻——学校鼓励学生独立参加各种学术活动和实践技能培训；研究生的课程则量多面广，学生需要花费大量的时间阅读和学习，并定期做好研究报告。在学习的过程中，剑桥大学提倡学生自己去探索和发现，并注重学生对现实社会状况进行批判性的理解和评估。剑桥大学在教学内容和课程设置上也重视学术性课程和专业，主张教育目的的内在性，追求知识本身的价值，重视学生才智和潜能的开发。在剑桥，最受尊敬的学科永远是最基础的学科，例如神学、数学、语言学、物理学等。在剑桥三一学院的图书馆屋顶上，伫立着四座石像，分别代表神学、法学、物理学和数学这四门最古老的学科，彰显出尊重知识的传统，激励学生不懈追求。剑桥的教师们把大学看作是传授和发展知识的殿堂，注重原创性研究，不断开发新课程，创造新发明。剑桥还广泛邀请海内外学者到学校讲课或进行学术研究，使师生在学习研究中不断地挖掘自身的才智和潜能。

（二）以人文教育提高学生的人格、气质和修养

剑桥大学具有崇尚人文教育的传统，也是世界上最早设立人文和艺术学科的大学之一，认为教养比具有高深的学识更重要。建校之初，剑桥大学除了培养神职人员、牧师、教师等，就是要培养具有才智、趣味高雅、沉着冷静、坦率公正、行为高尚、彬彬有礼的绅士。学生到剑桥学习的目的也不是单纯地为了从事某种职业，而是要掌握英国上流社会精英人士的生活方式和艺术。因此，在近代科学兴起以前，古典人文科学知识一直都是剑桥大学教学的主要内容。剑桥大学认为，古典学科是古代的优秀文化遗产，如果教授得法，可以奠定学生正确的情趣，放开学生思维想象，使学生的智力修养得到提高。即使在受到实用科学的冲击下，

剑桥也依然保持人文教育的传统，通过文、史、哲课程的学习，对学生的官能进行训练，使学生吸纳和认同人类千百年积淀下来的精神成果，促进精英人士的人格养成、思维发展、心智完善，提升其气质修养。

（三）以导师制和独立学院制提升学生的学习能力和品格

导师制是剑桥大学独特的教育制度模式。优秀中学的毕业生进入剑桥后，受到指定导师的指导。导师关注学生从入学到毕业的学习、生活及全部相关情况。导师与学生进行一对一、面对面地交流，每一门课程，导师针对个体差异，与学生共同制订适合学生的教学计划，因材施教，并鼓励学生独立钻研、开拓创新。导师在辅导时，学生事先要进行探索，阅读相关文献，建构和在建构对知识的理解，写出论文，做好讨论和辩论的准备。导师在与学生交流和探讨的过程中，注重启发学生思考，锻炼学生的思维能力和应变能力，并培养精英人才自尊、自信和自我展示的热忱。导师不仅关心学生学业上的进步和发展，还关心学生品格的培养。剑桥的学者认为，要把学生培养成为精英人才，仅有学识是不够的，“品格是人生的桂冠和荣耀，是一个人在信誉方面的全部财产，是人性最好的表现形式，是一个精英人物地位和身份的象征”。导师制为学生提供广阔的自由发展空间，调动学生的积极性和主动性，促进学生学习能力和品格的全面发展。独立学院制剑桥大学培养精英是管理体制。学院是给学生和教师提供食堂、宿舍、图书馆和教堂的地方。学院里各种专业云集，不同背景的学生和学者相互接触，互相研讨，在跨学科交流和文理交融中扩大视野、活跃思想、塑造人格，成为一专多能、全面发展的复合型精英人才。

（四）以图书馆、博物馆、实验室资源为学生追求真理和创新提供保障

图书馆、博物馆、实验室等资源是剑桥大学的重要组成部分，为剑桥大学的

学子们追求真理和创新提供了重要保障。剑桥大学建立了多级图书馆系统，除了剑桥大学总图书馆之外，每个学院、系或研究所都有自己专门的图书馆。图书馆藏书丰富，1709 年英国颁布《版权法》规定：凡在本国出版的图书都要免费缴给剑桥大学一本，这一规定使剑桥大学图书馆的馆藏迅速增加。丰富的藏书、良好的借阅服务为学生提供了丰富的信息，满足了学生对知识和学术的需求，为学生的学习和科研创造了一流的条件。剑桥大学同时拥有举世闻名的博物馆，例如藏品数量巨大、体系完整的菲茨威廉博物馆，收藏着达尔文航海旅行带回的标本的动物学博物馆等，为学生提供最原始的学习材料和数据。这些博物馆会定期举行各种展览、讲座、演奏会等，并为不同学院提供教学协作计划，如艺术史系在讲授中世纪手抄本时，为了使学生对实物有直接的了解，就会把课堂搬到图书馆。博物馆代表着剑桥大学的教学科研水平，也是其悠久历史和文化传统的象征，更直观地向学生传递着人文精神和科学精神。剑桥大学也十分重视实验室的建设，有分子生物学实验室、大分子材料实验室、微软剑桥实验室等多个实验室，其中最具代表性的就是产生过二十九位诺贝尔奖获得者的卡文迪什实验室。功能完善、设备齐全的实验室为人才培养提供了良好的学习和实验环境，推动他们的创造出更多的科研成果。总而言之，剑桥大学之所以能够培养出一批又一批的精英人才，与图书馆、博物馆和实验室这些优质的教育资源是分不开的。

（五）剑桥大学文化育人实践的启示

高校文化育人离不开高校在长期发展过程中所形成的传统，剑桥优良的学风经过历史的沉淀，熏陶了一代又一代的人。剑桥的人文教育也很早就产生，并一直延续至今。独立学院制和导师制也起源于剑桥大学，并保持着旺盛的生命力，启示我国高校在文化育人的过程中，要注重自身历史传统的挖掘，提炼独特的育人因子，更好地实现文化育人。剑桥大学以独立学院制和导师制提升学生的学习能力和品格，充分说明了制度文化育人的重要作用，启示高校要不断完善和创新文化育人制度。实验室、图书馆、博物馆等资源作为学生追求创新和真理的保障，在剑桥大学得到了高度的重视，对我国高校的启示是要丰富教育资源，为高校文化育人的实现提供充足的物质条件。

第二章　高校文化育人现状分析

作为重要的文化建设和文化育人阵地，文化传承创新是高校的重要历史使命。沈壮海指出，“大学是文化创新的基地，是以文化人的重要场所，塑造着社会发展进步的主体——人的素质。这便是大学文化意义的基本蕴含。”高校的文化育人，旨在用文化对学生进行价值引导、情感激励和精神陶冶，旨在用文化塑造学生品格，使其在文化的熏陶中完善品德修养，升华人生价值与精神。然而任何事物的发展都要受到特定历史条件的限制，都有一个逐步完善的过程。高校文化育人思想与实践的发展也是如此。自改革开放以来，尤其党的十六大以后，随着对文化重要性认识的不断加深，我国高校在人才培养中越来越重视运用文化的手段，使文化育人工作得到长足发展，但受各种因素的影响，也存在一些不容忽视的问题。

第一节　文化育人工作成效

党的十六大以来，用马克思主义理论武装大学生的头脑、用社会主义核心价值体系统领大学生的思想道德实践、用丰富多彩的校园文化活动发展大学生的综合素质，越来越成为高校文化育人的主旋律，这不仅使文化育人理念与实践进一步深化，使文化育人成为文化教育的重要手段，也使大学文化的功能得到全面的发挥。

一、文化育人理念与实践进一步深化

文化育人是大学教育的“应然”诉求，旨在运用广泛的文化因素达到育人目的，其育人功能体现在对学生的价值引导、行为规范、文化熏陶和精神激励等方面。但“应然”不等于“实然”。文化育人既是一种育人理念，也是一种育人实践。由于“文化”内涵的丰富性和外延的广泛性，加之“育”在实践形式上具有多样性，如它既包括各种“有形的教育”，也包括精神激励、文化熏陶等“无形的教育”，“文化育人”在教育载体、内容和方式方法上更宽泛、更丰富，需要深刻理解和灵活掌握。这需要有一个不断深化认识和实践的过程。

大学文化建设旨在更好地发挥文化育人的作用。改革开放以来，我国的大学文化“从初期的注重校园文化建设，到转型时期的文化素质教育，再到发展时期的大学文化建设”，每个阶段的大学文化建设都贯穿着文化育人的理念与实践。20 世纪 80 年代初期，我国大学开始注重校园文化建设，以发展大学生文化兴趣、丰富其校园文化生活为主。随着全国大学校园文化建设的迅速发展，学术界也掀起了校园文化研究热潮，研究成果层出不穷，期间，一些由当时的原国家教委、地方教育主管部门、高教学会及大学牵头举办的学术研讨会，在推广校园文化建设经验和学术研究成果的同时，浓郁了大学校园文化建设氛围，大学逐渐将大学生社团活动纳入大学育人体系，应该说这就是高校文化育人思想及实践的萌芽。

我国高校强调文化育人是随着 1995 年国家强调文化素质教育开始的，且越来越得到重视、强化和凸显。文化素质教育的核心目的是在文化传承创新中进行人才培养，实现文化育人。“文化素质教育践行了‘文化育人’之理念，将文化育人思想贯穿于整个教育活动之中。”章兢、何祖健早在 2008 年就提出文化育人是素质教育的应有模式，“是在知识教育中，通过文化价值等因素的介入，以文化的有机整体，实现‘文而化之’”。

为扭转各高校“重理轻文”“重专业，轻通识”“执着于知识技能的养成而荒疏了人格素养培育”的局面，国家强调文化素质教育。

在教育实践中，我国高校文化素质教育主要经历了三个阶段，一是注重学生素质教育、创新能力培养和个性发展的阶段，二是提高师生文化素质和大学文化品位的阶段，三是促进文化素质教育与提升教师文化素养相结合、与文化教育相结合、与科学教育相结合的阶段。无论是在哪一个发展阶段，高校开展文化素质教育，都是借助各种各样的文化载体进行育人，并取得大量可见的成果，如开发教材、开设课程、建立基地、创设活动载体、开展教育实践等。在育人实践中，高校结合各自工作实际，充分利用传统载体（如主题活动、重要事件等）和现代载体（如思政课教师和辅导员博客、名师博客、QQ 党校等）多渠道开展育人工作，并重视发挥校园文化感染作用，以丰富的校园文化活动为载体促进学生思想品德和行为习惯的养成。文化素质教育“在促进高校教育教学改革、提高人才培养质量，在促进大学文化建设、提升大学文化品位，在促进大学生全面发展、培养德体美全面发展的社会主义建设者和接班人等方面发挥了不可替代的重要作用”。2013 年大学素质教育高层论坛会议上，瞿振元指出，我国大学文化素质教育经过 30 多年的实践，取得了十分丰硕的理论与实践成果，主要体现在素质教育的思想理念普及、课程建设、教材开发、活动载体创设、基地创建等方面。

到目前，大学文化建设重在人才培养，大学文化建设重在文化育人，已经得到学术界和高等教育界的普遍共识。

二、文化育人成为文化教育的重要手段

大学作为一种独特的文化存在，常常通过文化环境的营造，以潜移默化、润物无声的隐性教育方式参与育人的全过程，进而实现大学育人的目标。大学育人

目标的实现离不开教育手段的正确运用，离不开科学方法论的指导。以文化手段育人是教育本质及规律的具体体现，它视教育为文化的过程，注重知识的内化和升华，重视文化的整合和化成，强调通过知识升华和文化整合来健全人格，提升文化自觉，唤醒生命的创造力。而大学的文化价值就在于它以环境濡染的方式实现其价值传导与人文教化的功能，其核心价值体现在文化育人的功能上。

就培养中国特色社会主义建设者和接班人而言，文化育人既是一种教育理念，也是一种教育手段，并在党的教育方针中有所体现。中发〔2004〕16 号文件指出："校园文化具有重要的育人功能"，"要建设体现社会主义特点、时代特征和学校特色的校园文化……努力拓展新形势下大学生文化教育的有效途径"；习近平总书记在 2016 年全国高校思想政治工作会议讲话中强调，要把思想政治工作贯穿教育教学全过程，要更加注重以文化人、以文育人等。这些教育方针对高校深化文化育人的思想认识和实践具有重要的推进作用。高校在贯彻党的教育方针的过程中逐步深化对文化育人的认识，进而在人才培养实践中越来越注重运用文化育人的手段。

大学在进行文化建设时会自觉地以育人为本，不断将文化教育内容融入其中，并借助各种文化活动的载体，传播先进的思想和文化。改革开放以来，我国大学文化发展大体经历了三个阶段，即"校园文化建设"阶段，"文化素质教育"阶段和 21 世纪以来的"大学文化建设"阶段。无论是校园文化建设、文化素质教育，还是大学文化建设，都与文化教育的核心使命具有辩证统一性，并且无一例外，都反映了大学对于"文化育人"理念的践行。文化育人已然融入了大学教育的全过程和大学文化建设的全过程，并越来越成为文化教育的重要手段。

三、大学文化的功能进一步发挥

大学作为人类文明的精神家园、人才养成的重要基地和最富有创造力的学术殿堂，是促进文化强国和民族文化复兴的重要主体。大学的本质“是一种以传承和创新文化为己任的功能独特的文化组织”，它具有文明守卫、人文化成、价值批判和文化引领的独特功能。作为一种文化存在和精神存在，大学真正有价值的东西是其文化影响力，即大学文化的软实力，它既是有效的教育力量，也是影响大学核心竞争力的重要因素。

大学作为一种独特的文化存在，它常以文化的形态，“以一种不知不觉的、潜移默化的……潜课程方式参与大学教育的全过程，影响和实现教育的目标”。大学的发展过程即是大学文化建设的过程。大学文化建设以深化教育理念、完善大学制度、培育大学精神、优化大学环境等为主要内容。大学文化的功能就是在这些方面的文化建设实践中得以体现，并且随着文化建设的不断深入，大学文化的功能也得到了进一步深化。主要体现在两个方面：一是大学文化的功能有更高层次的定位和追求。《国家“十一五”时期文化发展规划纲要》颁布以来，各高校积极编制适合自身发展的文化建设纲要。学校领导和管理者普遍重视，从顶层设计的角度开展文化建设。文化建设的内容也不仅仅局限于丰富校园文化活动，而是上升到了大学理念、大学精神以及大学文化品位的层面，并把大学精神的培育作为大学发展的一项重要战略任务来抓。二是大学文化功能得到了更加全面的发挥。“21 世纪的大学文化建设具体到了精神文化建设、制度文化建设、环境文化建设、行为文化建设等不同的方面，不同方面的建设对应不同的行动与实践”，体现着大学文化在不同方面所发挥的功能。

从某种意义上说，大学文化的功能已经覆盖了校园文化建设、文化素质教育的全过程。值得一提的是，大学文化在理论创新和社会发展中也发挥着重要的引领作用。张国祚指出，“高校集中了全国哲学社会科学领域 80%以上的研究人员和成果，在理论创新和国家重大战略决策中‘思想库’‘智囊团’的作用更加凸显。”

归根结底，当代大学生健康成长成才是高校文化育人理念和实践的有力回应，也是高校文化育人成果的终极展现。有学者调查研究表明，当代大学生的思想政治素质总体上呈现出良好的发展态势，主要体现在他们的理想信念、爱国情怀、社会责任感和道德素质几个方面。其中，在社会主义理想信念方面，大学生表现出更多的自信。调查显示，在大学生入党动机中“追求理想信念”连续 3 年居首位；对中国共产党的领导核心地位，有 85.5%的大学生认同。在爱国情怀方面，当代大学生民族自信心和自豪感明显增强；在事关国家利益重大问题上，自觉与党中央保持一致；在社会责任感方面，当代大学生乐于奉献爱心，服务社会，有责任担当意识。调查显示，85.2%的大学生参加过志愿活动，89.3%的大学生对“大学生应走在公民道德建设的前列”表示认同。每年也都有相当多大学生自愿选择到基层、到祖国最需要的地方去建功立业。当代大学生的道德素质也有明显提升。如有调查显示，86.2%的大学生认为“见义勇为”是中华民族的传统美德，89.7%的大学生认为“做人比做事更重要”。根据新闻报道，每年都有见义勇为、孝老爱亲、诚实守信、扶危济困的大学生先进典型不断涌现。尤其是在国家遭遇重大突发事件或挑战时，大学生都能展现出良好的政治素质和昂扬的精神面貌。事实证明，当代大学生的思想政治素质在主流上是良好的，高校文化育人工作取得了良好的成效。

第二节　文化育人现实问题

受市场经济的负面影响，一些高校在办学过程中出现了一定程度的主体使命偏移，官场化、商场化的影响日益深远，急功近利等浮躁情绪日益蔓延，大学精神不断滑坡，大学生赖以生活成长的校园文化环境受到了不同程度的侵蚀和影响，最终使得大学生无从摆脱心灵上的杂芜、喧嚣与迷茫的纠缠，“精神缺钙”、自觉缺失、道德失范事件频频呈现。这些不良现象的存在，是社会环境的影响，也是高校文化育人种种问题的体现。

一、文化育人实践较难落到实处

受市场经济竞争与整个社会大环境的影响，一些大学里充斥着一种功利和实用化的导向，如片面追求办学规模大而全、科研经费和成果数量多、硬件设施好、工作形式新，片面强调大学为经济服务，以学术谋利，片面追随市场需求，开设实用型专业和时髦专业等，种种功利的实用主义行为消解了大学应有的文化品质，遮蔽了大学精神的光芒，对大学教育、大学文化素质教育，乃至文化育人都造成了负面的影响。

随着世界经济一体化发展和“创新”在现代综合国力竞争中主导地位的凸显，国家对创新型人才培养空前重视。教育部在《面向 21 世纪教育振兴行动计划》中指出，“高等教育要跟踪国际学术发展前沿，成为知识创新和高层次创造性人才培养的基地”。自此，以“创新”为宗旨的素质教育在高校广泛兴起，从追求立竿见影的科技成果转化，到追求速成的“创新型人才”培养，都不同程度地染上了功利主义色彩。在这种功利主义盛行、学风浮躁的教育形势下，高校的文化育人活动也不自觉地受到功利主义教育理念的影响，教育者很难有足够的耐心真正将文化育人落到实处，在周围一片喧嚣与浮躁中守护着“人文化成”这一潜移默化的漫长的发生于人脑和心灵的隐性作用的过程。

在具体工作中，文化育人实践很难落到实处。因为教育者所组织的文化育人活动，往往是为标榜文化育人理念而活动，为彰显活动形式而活动，为追求活动效应而活动，很多都是短期的、形式性的，并没有从“人文化成”的素质发展规律出发，立足长远，系统性地实施文化育人。这样功利化的育人活动，其效果主要体现在各种报表材料和工作汇报，停留于纸面。对于学生而言，不但不能真正从心灵上得到陶冶、启迪和教化，反而受其功利主义的负面影响，形成浮躁心理，养成片面追求功利和实用的行为习惯，如参加活动不是为了成长而是为了修学分，当学生班干部不是为了锻炼成长自己和服务他人与社会，而是为了增加就业砝码等；对于高校而言，不但没有达到应有的人才培养实效，反而成了大学人才培养工作的严重阻碍。

二、整体育人的合力不足

文化对人的影响力是潜移默化的，是沁人心脾的，是整体性的。文化育人强调文化的隐性渗透，强调文化价值的个体内化，强调各种文化因素的合力作用。从育人模式看，它是大学生素质教育应有的模式，强调“各门科学知识的综合，各门科学理论和方法的相互渗透，……相互联系和作用”，强调通过教育打破各种知识之间人为的界线，整合科学与人文，让教育搭起知识、文化与人格完善的桥梁；从育人过程看，它强调把客体的文化内化为个体的精神。这就要求高校文化育人要把着力点放在科学与人文的融合，放在文化知识内化上，这是一项系统工程，需要全面协同的文化育人实践，需要合力共振的文化育人实践。

大学文化是校园里的一种精神氛围，是大学生健康成长的精神家园。要建设好这一精神家园，对于学校而言，一要充分发挥学校与家庭、社会之间的协同作用，通过教育合力，给予学生健康、积极、向上的精神感染，培育良好的文化氛围。二是要充分发挥学校教学、科研、管理、服务的协同作用，把校园文化环境建设贯穿于教学、科研、管理和服务工作之中，形成教书育人、管理育人、服务育人的合力。只有对外充分发挥学校、家庭、社会的文化协同作用，对内充分发挥教书、管理、服务的文化协同作用，才能真正形成文化合力，产生文化共振的效果。

文化是一个大概念，涉及学校工作的方方面面，在大学校园里，没有哪一个人或组织能够脱离文化而存在，也没有哪一个人或组织与文化育人毫不相干。在文化育人实践中，虽然各高校都在积极开展校园文化建设，开展大学生文化素质教育，乃至进行大学文化建设，但限于学校领导之间、各部门之间界限分明的职责分工，还很难从顶层设计的角度，由一个领导或组织来统筹、系统地抓文化建设，抓文化育人。这就难免会出现各个部门、各个岗位的教育者，按各自分内工作职责在自己的工作“面”上和工作 “点”上各自为政地、散发性地开展文化建设及育人活动，使大学文化合力缺失、学生文化内化不足的现象都不同程度地存在，如第一课堂理论与第二课堂实践相脱节，文化知识教育与文化环境濡染相脱节，科学教育与人文教育相脱节，学校教育与家庭教育、社会影响相脱节，等。

三、理论与实践脱节现象明显

加强大学生文化素质教育，实施文化育人，目的是提高大学生文化认知、促进文化价值观念内化，培养大学生的思想和行动自觉，实现知与行的内在统一。当今时代，社会需要广泛培育社会主义核心价值观。文化育人主要是结合社会主义核心价值观教育，将社会主义先进文化融入文化教育的全过程，融入大学生学习生活的各个方面，使学生在日常学习生活中通过文化的濡染形成自己的文化认知，养成自己的文化行为习惯。

而在具体高校文化育人实践中，还存在着明显的理论与实践相脱节的问题。主要表现在两个方面：其一，在大学文化建设中理论与实践相脱节。加强文化建设、促进大学生文化内化是实现大学生知“道”、体“道”、行“道”内在统一的关键环节，也是文化育人的重要工作内容，而当前高校开展文化建设大多停留在文化活动和精神产品层面，比如文化节、艺术节、博物馆、校史馆、校歌、校训等，除此之外，还没有把对文化育人的理性认识变成大学师生们的日常生活、工作和学习中的细节，让文化于细节处融入日常工作生活实践。其二，在文化育人中还存在着育“知”多、育“行”少，育“知”标准高、脱离学生发展实际的现象，使学生获得的文化认知都是建立在塑造社会主义理想人格的高标准之上的，而有些并不符合学生发展实际和现实需求，不利于学生“知”“行”统一，或者在育人方法上不为学生喜闻乐见，不易被学生所接受。其三，学校教育与生活实践相脱节。大学生所接受的学校教育和社会生活影响具有巨大反差，在学校教育中他们要成为有理想、有道德、有文化、有纪律的“四有”新人，而在社会生活中却又难以避免个人主义、享乐主义、拜金主义等不良风气的影响，这不仅使学校教育得不到应有的实践与体验，也很容易使学生形成“知与行是两回事儿”“这样说不等于要这样做”等错误认识，进而对学校教育形成心理阻抗，虽然表面接受，但没有把它真正内化为个人的文化自觉和文化选择。

这些教育问题的存在，在一定程度上影响了育人效果。主要体现在：有些大学生在现实生活中存在文化认知与文化实践相脱节的现象，比如，他们知道应该先公后私，实际做时却往往先私后公；知道应该“重义轻利”，实际做时却往往重实惠、讲实利；知道应该文明守信，但校园里不文明和违纪现象也屡见不鲜。大学生文化认知与文化实践相脱节，是文化育人中存在的一个突出问题。

第三节　文化育人影响因素

文化育人涉及文化、教育、人这三大领域，是一个十分复杂的系统工程，其育人实效性也会受到来自各个领域诸多因素的影响，其中最主要的影响因素来自社会文化大环境、校园文化环境、教育者、教育机制几个方面。

一、社会转型中国家主导文化受冲击

随着改革开放和社会主义市场经济的深入发展，我国社会进入全面深化转型时期，社会经济成分和经济利益、社会生产方式、社会组织形式等都朝着多样化的方向发展。社会转型不是一个单纯自然的过程，而是“与观念的力量、制度的力量联系在一起，与来自外部世界各种物质的、思想文化的冲击联系在一起”。无论是社会体制结构的转变，还是人们生活方式的转变，都有力地推动着人们思想观念的变革，人们的思想从传统走向现代，从重集体、轻个体走向重个体发展、强调个性解放，人们的价值观念朝多元化方向发展。人们多样化的文化价值取向对占据国家一元主导地位的马克思主义文化提出巨大挑战。尤其是西方国家利用全球化之机，凭借其强大的经济技术实力，将资本主义意识形态通过政治、经济、文化等各个领域强势向中国渗透，加之市场经济条件下一些庸俗文化的蔓延，使国家主导文化的影响力受到冲击，使一些人的思想观念受到严重的影响，以致人们思想中深层次问题不断地显露。虽然在主流思想上，大多数人仍然坚信马克思主义、坚信中国特色的社会主义，但也有各种各样的异质思想出现，如有些人否定改革开放，有些人对马克思主义、社会主义产生怀疑，有些人信仰淡化，有些

人受资本主义腐朽思想的侵蚀和市场经济中庸俗文化的影响，在价值观念上出现严重偏差，如拜金主义、拜权主义、利己主义、享乐主义思想盛行，不仅扭曲了个人的价值观念，败坏了社会道德风尚，有的甚至是从坚定的马克思主义者沦为极端个人主义者和利己主义者，成为不折不扣的思想腐败分子。

在这一宏观社会背景下生活和成长起来的大学生，他们的思想观念和心理健康也受到很大的负面影响。主要表现在三个方面：一是对国家主流文化的认同弱化。有些学生失去了价值选择上的方向感，价值观念模糊不清，对主流文化疏离、对民族优秀文化传统漠视，民族自信心和自豪感有所减退，民族归属感淡化。二是文化价值取向低俗化。有些大学生认为人生的全部价值就是物欲的充分满足，认为利益就是价值的评价原则，有用即为价值的评价标准。在这一价值标准指导下，当代大学生在消费、恋爱、择业观等方面都与中华民族优秀文化传统相去甚远，正在走向低俗化。三是自我意识强烈，个人行为自由化。一些大学生通过玩世不恭、离经叛道、追求当下现实生活的放纵和快感等方式来彰显自我意识和叛逆精神。在追求个人的“潇洒脱俗”“个性张扬”中，表现为生活作风上的随意、随性，无视组织纪律，以及违反社会公序良俗等不文明、不道德行为，以至于出现思想道德观念淡薄、个人行为自由化、生活行为失范等问题。

总之，大量实践证明，社会转型时期人们在各方面的思想观念都发生了巨大的变化，从总体上看呈现出思想观念的复杂性和价值取向的多元性，而且良莠不齐。大学生也是如此。这无形中使国家主导文化的影响力受到冲击，增加了高校文化育人的难度，影响高校文化育人的实效。

二、不良的校园亚文化环境影响

在现代大众传媒条件下，由于文化信息的多向贯通和舆论的多元表达，大学生处于中西文化交锋碰撞、先进文化与落后文化并存的复杂文化环境之中，多样性的文化存在必然会产生多样性的文化选择。“当代大学生文化观现状”调查研究表明，当代大学生的文化价值观虽然在主流上是好的，基本与国家主流文化保持一致，但也有一些大学生对本民族文化缺乏认同感和自豪感，盲目崇拜西方文化，文化价值观念模糊。

有什么样的文化价值观念就会形成什么样的文化。大学生作为能动的校园文化生活的主体，他们在接受校园文化影响的同时，也时时创造着校园文化。大学生具有不良的文化价值观就会创造不良的校园亚文化。校园亚文化作为与校园主文化（即大学官方意识形态）相对应的次属文化，它与校园主文化既有吻合的部分，也有不一致的部分，吻合的部分称“同一亚文化”，不吻合的部分称“不良亚文化”。以大学生为主体的不良校园亚文化是指“由大学生群体创造并信奉推行的，在某些方面与社会主流文化的思维习惯、生活方式与价值观念等有所不同的文化体系”，它与主流文化相悖、不利于大学生身心健康成长、败坏校园风气、阻碍社会进步的文化。不良的校园亚文化，对学习生活在校园之中的大学生具有重要的影响，主要体现在对他们的价值取向、文化修养、知识结构和兴趣追求等方面的影响上，严重消解着大学文化育人的功能。

当代大学生群体中的不良亚文化，具有各种各样的表现形式，如热衷时尚、名牌、洋节、攀比等拜金享乐亚文化，发低俗短信、课桌留言、不文明口头禅等不雅信息亚文化，热衷网络游戏、网络聊天等虚幻亚文化，违反社会公德、破坏校规校纪、无视法纪法规等越轨文化；毕业离校前楼外集体扔纸、抛物、摔东西等情绪释放文化，作业抄袭、汇报浮夸、考试作弊等无信文化；评优拉票、入党跑关系等校园腐败亚文化；非高富帅不嫁、非白富美不娶等不良恋爱亚文化等。这些来自大学生群体的不良校园亚文化，具有极强的传播性和感染性，很容易在大学生群体中传播和扩散，并被大学生当成社会生活经验或个性化标签来追捧效仿。这不仅严重影响着他们身心健康的发展，还会使大学生对主流校园文化的价值引导产生心理上的抵触和排斥，进而影响高校文化育人的实效。

大学生是我国社会主义事业的建设者和接班人，不良的校园亚文化对大学生产生的负面影响不容忽视，必须从转变大学生文化价值观念入手，加强校园文化建设，以增强校园文化育人实效。

三、教育者育人理念不坚定

文化育人从本质上看就是教育者按照国家的教育方针和任务要求，用社会主导的文化去建构人们的思想、意识和行为。教育者作为文化育人的主体，作为文化育人活动的设计者、组织者和实施者，首先必须深刻理解文化育人的价值意义、任务、要求、运行规律及自身任务、使命等，并牢固树立文化育人思想，做坚定的文化育人工作推进者。思想是行动的先导，在文化育人实践中教育者行动力的强弱取决于其文化育人思想的坚定性。教育者的文化育人思想越坚定，说明他对文化育人的理论认识越深入、越全面，贯彻其育人思想的行动力就越强，对育人工作方法和规律的把握就越准确。

随着我国文化教育现代化的发展，文化育人理念在各个层面都有所体现，对推动文化育人起到一定的促进作用。但文化育人理念的全面普及和深入贯彻不是一蹴而就的。在当前的文化育人实践中，有些教育者虽然对文化育人的价值意义、自身的责任使命等都有明确的认识，但受传统的文化教育理念以及市场化、功利化思想的影响，还没有彻底转变思想、更新观念，一些落后的教育理念还没有被彻底摒弃，以致在实施文化育人的过程中，常常表现出文化育人思想上的不坚定性。而育人思想的不坚定，必然导致育人行动力的弱化。

在教育实践中，教育者不能彻底坚持文化育人理念的现象屡见不鲜，如有些教育者明明知道要克服传统的社会本位，要克服人的工具价值导向，但在具体的育人实践中，基本上还是遵循传统的文化教育理念，只为满足社会发展需要，甚至是市场需要，进行定向式培养；有些教育者明明知道教育要坚持以人为本，要尊重学生的主体地位，要增加教育的人文性等，但在具体的育人实践中对学生个性化的成长需求并没有给予充分的关注，基于人文关怀的教育还没有得到充分的彰显；有些教育者明明知道传统的说教、灌输式文化教育具有教育内容的空泛性，思想传递的单向性、教育过程的非人文性，但为保证完成工作任务，还是习惯于按照上级要求，把自己该说的该讲的都通过一些正式的说教、灌输的方式向学生做以宣讲，以免除自身的工作责任；有些教育者明明知道文化育人是一项努力在当下、见成效在未来的事情，是非功利化的，但还是以一种功利化的方式去开展文化育人活动，活动并不是真正以人为本，更多的是为追求一种工作形式上的创新并达到一些功利化的效果等。所有这些都导致了教育者思想认知与实际行动相脱节，使育人理念无法真正指导育人实践。因为文化育人思想不坚定，教育者文化育人的行动力、价值引力都受到了影响。

四、文化育人实践机制不完善

文化育人是一个理论问题，在本质上更是一个实践问题。它强调以文“化”人，重在 “化”的过程。“化”的过程，既是育人“主体”的人运用一定文化载体影响人、教化人的实践过程，也是育人“客体”的人自主进行文化价值判断和选择的实践过程。

实践是文化育人应有之义。“人类任何一项实践活动都是关于对象的指向性活动”。文化育人是有目的实践活动，要在实践的过程中追求文化育人价值的实现。实施文化育人必须要重视实践过程。此外，任何教育都离不开教育方法的正确运用。文化育人作为一项系统工程，是由既相互联系又互相影响的各个要素“按照一定的结构、层次、规则和内部联系而形成的有机整体”，因此要遵循文化育人的实践规律，讲究育人方法，建立切实可行的实践育人机制，最大限度地发挥文化育人工作的效能。

从整体上看，虽然近年来人们逐渐认识到文化育人的重要性并在文化育人实践中取得了一些成效，但受当前普遍存在的大学功利化和实用化办学行为的影响，大学更重视办学的硬指标建设，对那些需要长期建设、系统建设，又很难在短期内见成效的工作，如教师价值引导力提升、促进学生自主发展、优化文化环境、构建要素协同育人体系等工作难免会受到冲击，建设系统而长效的实践机制的难度也更大。

当前高校文化育人的长效机制建设还比较薄弱，育人实践机制面临着严峻的挑战，如在教师综合素质提升方面，学校更注重对教师进行技术层面的教学能力培养，而对教师的理想信念教育、核心价值观教育、文化自信培养、师德建设等并没有给予足够的重视或采取足够得力的举措，使教师仅停留在“教书匠”的水平，而并不是成为大学生人生的导师；在大学校园文化建设中，相比较而言，大学更多注重物质文化轻精神文化、注重现代文化轻传统文化、注重科学精神轻人文精神、注重教育理论研究轻教育实践研究、注重单一文化活动的创新轻系统性长期性文化活动的开展等，使大学文化建设效果不佳，弱化文化育人功能；在大学生文化自信培养中，学校在以社会主义核心价值观为统领，挖掘中华民族优秀传统文化资源、创新传统文化教育载体、探索传统文化与文化教育融合路径等方面还不是很深入，缺少目的明确而系统化的设计，而且是理论宣讲得多，实践中务实做得少。即便是在文化教育理论课教学中，也没有有效地融入传统文化，充分发挥传统文化的作用，使教育没有充实的内涵，苍白空洞，不能激发学生的兴趣，也很难得到学生认同，这在很大程度上影响了大学生对中华民族传统文化的自信。

这些问题的存在，归根结底都是缺少文化育人工作的长效实践机制。文化育人具有建设周期长、涉及面广、见效慢的特点，需要经过长期的、全方位的努力才能收到实效。因此，高校要从战略高度去认识文化育人，认识实践的重要性，把文化育人的实践目标列入学校发展规划，加强顶层设计，完善文化育人实践机制，使文化育人成为大学实实在在的、规范而有序的各方面工作实践；使大学文化在持之以恒的建设实践中不断升华，形成浓郁的校园文化氛围和向上的育人环境；使教育者在充分的育人激励和保障中养成时时育人、处处育人的行为习惯，包括在教育教学和管理服务各个工作环节的价值引导、价值渗透，乃至以身立教，通过自身高尚的人格和优秀的品质进行激励和感召；使大学生在日常学习生活实践中接受良好的文化行为养成教育，“实现思想认同、行为规约和品格养成”。

第三章　高校文化育人工作的人学透视

第一节　文化育人工作的存在论分析

一、高校文化育人对人的存在特质认识不足

高校文化育人作为中国推行的为了提高高校学生综合素质的一项活动，在教育本质和教育目的上与国家的教育方针是一致的，但无奈的是中国的教育在普遍上存在的问题是学生的参与性较差，从而使教育效果不太理想，因此，中国教育针对这一状况所提出的素质教育，以及针对学生在学科知识和学科能力方面存在的偏差，积极提出了文化素质教育活动，以及现在所提出的文化育人。但教育活动的实施不仅仅是教的活动，同时也是学的过程。正所谓教学相长，我们在每一项教育活动中都必须注重教学的实践性。

高校文化育人的实践性缺失，不仅表现在文化育人过程中实践环节的缺失，更是在文化育人环节中实践性思维的缺失。第一，从实践性思维方面来讲，在高校文化育人中，按照中国传统教育模式，对理论学习较多，但实践运用较少；在其指导性思维上，主要是由于中国人在思维方式上的积习，过多注重理论知识的学习，忽视实践教育环节。这体现出中国传统教育对实践思维培养的忽视。思维方式作为一定时代人的理性认识方式的体现，是“人的各种思维要素按一定的方法和程序表现出来的相对稳定的定型化了的思维样式，是主体观念地把握客体，即认识的发动、运行和转换的内在机制和过程”。马克思主义哲学以“问题在于改变世界”的哲学新思维确立了“以社会实践为中心、为对象、为目的”的实践

性思维方式。马克思认为：“人的思维是否具有客观的真理性，这并不是一个理论的问题，而是一个实践的问题。人应该在实践中证明自己思维的真理性，即自己思维的现实性和力量，亦即自己思维的此岸性。”实践性思维是人们为了完成“精神变物质”活动而表现出来的思维样式。它是“因实践而思维、对实践而思维、为实践而思维的思维方式，是人们通过思维解决为什么要实践、进行什么实践、怎样进行实践等问题的理性思维方式”。实践性思维作为人类思维方式的高级形式，具有鲜明的特点，即先在性和前瞻性。基于实践对象认识与改造的选择性、创造性以及检视实践活动及其要素的反思性、综合性，基于实践性思维的特点和高校文化育人实践的需要，我们必须具有实践性思维，以实践性思维为思维指向，指导高校文化育人。

第二，在高校文化育人的实践活动方面。“全部社会生活在本质上是实践的”，是马克思在《关于费尔巴哈的提纲》中的一句名言。实践性是社会与人的本质属性，也是高校文化育人的本质特征。但由于人们对于教育的传统理解，忽视了高校文化育人是以人为对象的实践活动的本质，在实施中过度重视文化育人的理论教育而忽视实践，从而使理论教育与实践环节相脱节，不能使高校学生以积极的状态参与到文化育人的实践活动去，减弱了文化育人的效果。在其实践性上，由于文化育人的领导者、教育者以及受教育者在认识程度上的不同的狭隘思想，导致了文化育人的实践活动偏少，学生参与的积极性不强，文化育人仅仅停留在理论阶段，没有将文化育人的理论宣传教育和实践活动以及丰富多彩的校园活动结合起来，削弱文化育人的育人效果。

二、以重视人的存在的特质促进文化育人

（一）注重文化育人的理论与实践的结合

当前文化育人的理论研究和实践践行刚刚起步，缺乏以往的经验可以借鉴学习，因此要推动实施好文化育人这项工程，实现文化对于高校学生的积极影响，以提高学生的综合素质，至关重要，所以我们必须注重文化育人的理论和实践的良好结合。由于文化育人刚刚起步，因此在很多方面还要借鉴学习教育界的已有成果来推动文化育人，首先是文化育人的理论研究、理论宣传与理论教育工作，其次是文化育人的实践环节的实施，以确保文化育人的实施落到实处，从而体现文化育人的效果。 在文化育人的理论方面，要加强文化育人的理论基础研究，人类的任何一项实践活动，只要具有正确理论的指导，就能够获得意想不到的成果，教育活动亦是如此，因此，加强文化育人的理论研究，为文化育人的实施提供理论基础和理论基础，必将推动文化育人的学理性发展和具有更多生机。同时，文化育人的理论宣传与理论教育工作也必须落到实处。在高校这样一个年轻人处于主体的大集体中，要使当代大学生了解和认识文化育人的内涵、性质、机制和特征，必须具有一定力度的宣传，正如文化素质教育的实施一样，在这里，我们不仅要强调文化素质的养成，更要强调以文化来育人，以何种文化、以何种形式来育人。在理论教育方面，既注重以往的文化灌输式的公选课的施行，大型讲座和论坛的开展，同时必须突破陈规，加强文化育人的研究，对当代大学生的现状、价值观、心理发展进行了解和研究，在文化育人的实施中，尽量切合学生的生活切入点，对当代大学生的价值观进行正确而积极的引导，使文化育人的内容和形式不再老土，切合大学生的实际生活，积极给予理论指导。

在高校实施文化育人，同时必须注重高校文化育人的理论教育与实践环节的

结合；在理论研究与教育的基础上，注重大学生的文化育人的实践活动开展，以多种形式开展实践活动，以成立文化研究小组、文化欣赏（比如诗词、电影欣赏）、文化体验活动、假期的文化之旅以及文化进社区活动等方式开展活动，鼓励学生积极参与，增强文化育人参与的积极性与能动性。实践活动的开展必须注重文化育人的理论指导，文化育人的教育者与实施者，不仅要将关注的重心放在理论研究方面，更要深入实践，了解学生生活现状和心理发展过程，使文化育人的活动安排更切合学生实际，实现文化育人理论与实践的良好结合，从而推动文化育人。

（二）注重文化育人中的学生主体性地位

文化育人中大学生作为客体，既是参加者，也是文化育人效果的体现者，更是文化育人的目的所在，可以说，大学生也可以是教育教学活动的主体。因此，我们要注重学生这一客体的主体性地位。

在高校文化育人活动中，既有理论学习活动，也有实践环节，在这两个主要的活动过程中，高校学生在其中展现自己不同的主体性地位。在理论学习活动中，既有教师的教学活动，也有学生的学习活动，因此，二者处于相等的主体性地位中，几乎同等重要。而在文化育人的实践环节中，如文化育人的课外学习、知识竞赛、文化欣赏、诗词欣赏以及文化进社区等实践活动中，教师是积极的指导者，而学生是活动的直接和主要的参与者，主要是以培养和塑造学生的科学精神、创新精神、自由精神和人文精神为目的。在这两个过程中，学生的主体性都很重要，因此要注重他们的主体性，激发他们在活动的主动性、 活动内容的选择性、参与过程中的创造性等方面的热情，才能使文化育人的理论教育和实践活动事半功倍。

在明白高校学生的主体性地位的重要性之后，主要采取以下措施来增强学生的主体性地位。

第一，注重学生在管理中的主体地位。在过去的学生管理工作中，以往形成的管理模式都是属于管理者与被管理者之间的“主从”关系。在文化育人的管理中，我们要打破这一管理常规，使学生的自主意识、平等观念在管理过程中得到充分发挥，使学生参与文化育人的积极性得到有效发挥。提高管理效率，有利于管理对象对管理者的互相认同，增强学生自我管理和自我教育的内驱力，使文化育人的管理工作更加突出学生主体性地位，从而加强了文化育人的人性管理，使被动接受变为积极参与，提高文化育人效果。

第二，注重学生在文化育人管理中的主体性地位。文化育人的实施者要做到灵活控制，突出学生主体地位，增强主动性。在文化育人的管理方面，突出学生主动性；在文化育人的教育教学与实践活动中做到积极引导，做好服务；在具体活动的组织、策划、实施等具体工作交由学生来负责，高等学校的文化育人管理机构，由专人来负责指导校园文化活动的组织开展，以保证校园文化活动的方向、质量，并形成制度保障。这样既可以实现学校对文化育人建设的宏观把握和控制，也可以增强学生参与的主动性。

第三，重视学生会、学生社团的育人载体作用。学生社团是以共同的信念理想、兴趣爱好为基础，凭着热忱和活力凝聚在一起的学生自发组织。在文化育人中，学校管理机构要注重学生会和学生团体的重要地位，并积极发挥其作用。一是思想指导。学生会和学生团体由学生组成，其思想和行为尚处于发展阶段，尚不成熟，因此，必要的思想指导，确保其发展的正确方向，促进大学生健康发展。二是工作支持。各级学生会、学生团体之间交流活动以及各项活动的组织，需要管理部门的工作支持。

第四，发挥校园网络文化的作用。大学校园文化的一个新领域是网络文化的发展。随着网络技术的发展和智能手机的普及，各种社交工具以及 APP 在学生生活中发挥着越来越重要的作用，这也给文化育人带来新的机遇，但也有新的挑战。丰富的信息资源为学习生活提供更多的便利，使大学生与社会的联系更加紧密，大学生的思想观念、生活方式、行为发展以及价值取向都深受影响，这一方面为大学生发展创造了有利条件，另一方面，大学生身心发展尚不成熟，对网络上的事物缺乏理性的判断，更容易受到网络不良现象的影响，会影响其学习热情，在生活上形成不健康的观念，甚至影响其价值观的形成和发展。因此，文化育人中，也要注重校园网络文化的发展，适当地利用网络文化，如校内论坛 BBS、校内 APP 的开发与使用，学校管理部门的微信平台的互动，同时认真分析学生的内在需求，注重思想性、知识性、趣味性、服务性的结合，创造和筛选有利于学生发展的、符合社会发展潮流的校园网站，更好地引领文化育人的网络阵地。

第二节　文化育人工作的本质论分析

一、高校文化育人在人的本质把握方面存在的问题

在高校实施文化育人必须注重对于人的本性问题的理解。中国教育传统中过于注重教育主体，却没有注意到教育客体的重要地位。实际上，教育客体作为教育的对象和主要参与者，是教育效果的直接体现者。因此在中国教育中，随着对于教育认识的深化，我们必须更加注重教育客体的地位，注重学生的人性特点和发展规律。只有这样，我们才能够有的放矢，有效地开展高校文化育人。当前对于学生的人的本性的把握的欠缺主要体现在以下四个方面。

第一，高校文化育人未能充分把握人的需要。人的需要成为人的本性的一部分，因此，对于人的需要的重视也是对人的本性的把握。当前高校文化育人中，知识育人固然是文化育人的重要方式之一，但是在文化育人中教师往往没有研究

当代学生的特点以及心理状况，在育人过程中出现以知识传授为主，以知识掌握作为文化育人的评估指标和体系的现象，这样的育人方式忽视了文化育人在知识传授中的价值观贯穿，忽视文化育人的应有之义，即实现对于当代大学生的人格的建构的指导作用。

第二，高校文化育人中人的自由本性的缺失。自由是人的本性之一，人的活动特性和人的社会关系是人的自由本性的具体表现。按照人的本质的规定，在人类追求自由本性的作用下，生产力的发展和生产关系的变化是向着个人自由的程度不断扩大，并越来越有利于人的自由全面发展的方向改变的。实现人的自由，即是马克思唯物史观的出发点，也是其全部革命理论和实践的最终归宿。在当前高校文化育人中，由于受到传统教育模式的束缚和当前应试教育的影响，文化育人中主要注重学生的学习成绩和效果，考试和各种评估体系成为教育活动效果的评价工具，导致当前高校文化育人中对于学生学习自主性的束缚，出现人的自由本性的缺失。

第三，高校文化育人中人的主动性的缺失。人和物最大的区别在于人有意识，因为有了意识，人就有了智慧、灵魂、理性、思想，但也有了痛苦、挣扎、徘徊、犹豫；人作为一种双重的存在，既有物性、动物性的一面，也有意识、主观性的一面。当前高校文化育人中对于人的主动性的把握不够，没有充分重视学生的主体地位和学生的能动性，对学生的自主性发挥不够，课内外实践活动较少，无法使学生发挥自主性，积极参与教育教学活动。

第四，高校文化育人中人性成分缺失。由于当前高校文化育人的方式主要是传统的教育方式，以知识育人，当然是高校文化育人的重要方式之一，但教师在教学中主要注重知识的灌输，缺乏与学生的情感交流，上课时背课本进教室，主要进行知识灌输，当前知识经济时代，知识的获取渠道不再仅仅是课堂，因此对学生的情感变化和需求不够了解，教学内容与学生兴趣爱好脱节，下课后很少与学生沟通交流已成当前教育的一种现状，这已经不能实现对学生的人文素养的培育。在学生方面，当前有许多大学生缺乏对学习的热情和对师长关系的亲近感，不利于文化育人的主客体交流与沟通，不能及时掌握文化育人的状况变化。对于文化育人来说，这种情况更加严重，文化育人类课程本身由于不与专业相关，主要注重的是文化素养和人文素养的培育，因此，学生的重视程度不够。而在师生关系方面，由于教师工作的繁忙以及师生间的年龄以及情感差距，使他们沟通较少，因此，当前文化育人的课堂，学生出勤率不高，学习热情也较低。在师生关系方面，由于出勤率低下，教师经常以点名分数等措施维持课堂纪律，师生之间缺乏理解与信任，容易产生隔阂，师生关系冷漠，不利于教学的开展，难以出现良好的教学效果。著名加拿大教育学家马克思・范梅南在其《教学智慧——教育智慧的意蕴》一书中指出，那些“依靠正式纪律的教师对于他（或她）所教的学生来说没有亲近感，这样的教师只不过被学生看作是一个‘教员’、一个‘监工’。”因此，实施文化育人不仅注重课堂学习，更要注重与学生的情感交流，实现文化素养和人文素养的培育。

二、以全面把握人的本质促进文化育人

（一）注重对人的本性的理解与把握

高校文化育人的对象是现实存在的人，是高校众多的学生群体。高校学生作为现实存在的个人，其教育活动就不仅仅限于传统的理论灌输教育，而是在对于其实现人性理解的基础上，充分发挥教育的创造性，既探索教育方法的创新，又要注重教育主体和客体的主体地位及积极主动性，创新文化育人的形式，增强文化育人的效果，实现文化育人的针对性，从而提高学生综合素质。

高校文化育人对人的本性发展的影响。人的本性是人的社会性，人的社会性是在其现实的社会关系中形成和发展的，高校学生的社会性在其大学生活中由于更多的接触和了解，实现了对于社会生活的更多参与，高校文化育人作为在高校进行的教育活动，其本身是要实现以文化价值观的影响来实现对高校学生的整体培养和提高，因此，高校学生在高校文化育人活动中通过对于文化的学习和内在的熏陶与接受，在其个人的社会性的发展上能够实现更多的自觉，以正确的文化价值观为指导，实现社会性的良好发展。

对人的本性的把握在高校文化育人中的重要作用。对人的本性的把握既包括对人的自然性的把握，也包括对人的社会性的把握。在人的发展过程中，人的社会性的发展对人的整个发展具有更多的可塑性，因此，文化育人活动既对人的本性的发展具有推动作用，同时也需要对人的本性更好地把握。高校文化育人本身作为对高校学生的一种教育实践活动，在其生活中必然会对高校学生的学习和生活实现一种价值观的影响，因此，要实现对于高校学生的有的放矢的教育和影响，必须了解和把握高校学生在新时期所具有的社会性的特点。当今时代的影响必然使当代大学生的本性具有更多新的特点，其可控性更加难以把握，因此我们必须时刻注重当代大学生的社会性发展，从而实现文化育人的理想效果。

实现人的发展是高校文化育人的最终目的。在注重人的本性的基础上，提高人的综合素质，实现人的综合素质的全面健康发展。人的全面发展必须依托整个社会的全面和谐发展，同时也反过来为整个社会的全面和谐发展奠定基础，最终达到个体与社会的全面发展，这也是高校文化育人的目标和应有之义。

在综合认识中西方对于人性认识的基础上，深刻了解当代大学生人性发展特点，以现实的个人为出发点，注重文化育人中主体与客体的主体性地位，充分发挥其主动性、能动性，认识到高校文化育人对人的本性把握的重要性，以积极的文化育人活动促进人的全面发展。

（二）注重人的本质的社会性与个体性的平衡

在《关于费尔巴哈的提纲》一文中，马克思从人的社会性与个体性相结合的角度来探讨人的本质问题，将人的本质视为一切社会关系的总和，他在宏观上将人看作是个体性与社会性的统一体，是因为他看到了一个重要事实——人是社会的动物。人的社会性是人的本质属性，因此在高校文化育人活动中，我们必须注重高校学生在学校及其所处的社会关系中所处的状况，注重人的本质的社会性，实现对于人的本质的社会性良好塑造。 马克思在对人的本质的认定中，说明人的本质属性是社会性，在对于人的本质的认识中，我们知道马克思是从人的社会性和个体性相结合的角度来探讨人的本质问题，因此我们在高校文化育人中也必须注意在对于人的本质的把握中注重人的社会性和个体性的平衡。在实现对人的本质的科学理解的基础上，破除对人性论个体性与社会性的机械对立的理解，实现人的本质的社会性与个体性的平衡，在高校文化育人理论与实践中也具有重要意义。在人的本性方面，要注重人的本性的个体性与社会性发展的平衡。在中国传统教育中，一般较为注重人的本质的社会性培养，而忽视人的个体性本质，在教育中也同样出现了这一教育价值的偏向。因此，对于高校文化育人中的人的本性的社会性与个体性的平衡，主要体现为对人的本性的个体性关注。

一是文化育人需注重人的个体性特征。每一个文化育人的主体和客体，特别是文化育人的客体，作为文化育人的受众，是文化育人的目标所在，其每一个客体都具有其所处群体的个体性特征，包括时代特征、年龄特征、文化特征以及身心发展特征等，因此在文化育人中要注重文化育人主体以及客体的个体性特征，在其理论教育和实践模式上有针对性地以文化整体价值观影响文化育人的发展。

二是文化育人需注重人的个体性发展。人的本质形成于其所处的社会关系，因此人的本质的个体性发展必然受到其所处的社会关系的影响，因此在高校文化育人的实践中，可以通过对高校学生所处的社会关系的影响，影响学生的个体本质发展。同时，在个体本质发展方面，由于传统教育过度注重社会本质的弊端，必须把人的本性的个体发展提上日程，在注重人的个体特征的基础上，促进个体发展的引导，从而促进人的个体性健康发展。

三是实现高校学生社会性与个体性的协调发展。文化育人的目的是加强对于学生的文化价值观引导，促进全面发展，因此，促进人性的社会性和个体性的协调发展也是全面发展的应有之义。在文化育人中，注重文化育人主体与客体的主体性地位，充分发挥其积极能动性；在理论教育与实践的互动交流中，以良好的社会成长环境与关系的营造，实现学生社会性与个体性的协调发展。

由于每个人在社会关系中所处的具体情况的差异，个人的本质的形成既具有社会性，也必然具有其自身的个体性，因此我们的高校文化育人中在对于人的本质的关注上不能以一刀切的心态来对待，必须注重个人的本质的差异性，从人的本质的个体性出发，兼顾到个人本质形成的差异性。在高校文化育人的实施中，充分注重个体的本质差异，实施合理化的教育与关注；在文化育人的教育中，因材施教，实现良好的文化价值观引导。

第三节　文化育人工作的价值论分析

一、高校文化育人在人的价值引导方面存在的问题

（一）价值观教育效果不够显著

当前世界经济全球化和多元化发展的趋势，使综合国力的竞争更加体现其全

方位特点，文化实力的竞争也逐渐被提上日程，文化软实力建设刻不容缓。当前世界文化发展的全球化及多元化，使世界的文化交流更加频繁，文化所携带的价值观也深深深入到文化学习及交流中，文化价值观在整个的价值观发展逐渐占据重要地位，因此必须注重文化价值观对整个价值观形成的影响，注重文化以及文化价值观教育。

大学生处于当前全球化的经济浪潮中，深受经济发展影响，这些影响既有积极的，也有消极的。一方面，经济的发展和新兴科技的应用，使大学生更便捷地获取各种信息，接触到更加广阔的多元文化，有利于大学生文化素养的提升。另一方面，大学生群体又处于价值观形成和发展阶段，容易受到经济大潮下各种不良价值观的影响，不利于正确价值观的塑造。

从当前世界政治经济发展的新趋势、社会发展的加速进程从而带来的社会转型时期的价值观挑战，多元文化发展的新趋势及其文化价值观的传播，当前大学生所处的时代背景以及大学生本身的身心发展特点，对大学生进行价值观的引导和教育极其必要，同时对大学生进行价值观的教育，引导其树立正确的价值观也是高等教育目标。2010 年出台的《国家中长期教育改革和发展规划纲要（2010-2020 年）》中，提出当代大学生的培养目标是：“牢固确立人才培养在高校工作中的中心地位，着力培养信念执着、品德优良、知识丰富、本领过硬的高素质专门人才和拔尖创新人才。”特别是当前背景下，大学生正处于价值观的形成阶段，可以依托文化育人对大学生价值观进行积极塑造。

当前大学生的价值观教育还存在很大的问题，其最主要的是虽然价值观教育已经进行了较长一段时间，但是价值观教育效果不够显著，最突出的表现是当前高校学生存在着价值观偏差的问题。当前高校学生的价值观仍处于形成阶段，高校学生的价值观出现了与主流价值偏差的问题，如享乐型、功利性、个人主义的价值观，主流价值观教育收效甚微。从根本上讲，当前高校学生的价值观存在着方向上的模糊性，没有清醒地认识到主流价值观树立的重要性与紧迫性，这一方面由于学生自身的问题，也与当前的社会状况以及价值观教育方面存在很大联系。其原因主要有：价值观教育理念落后，内容设置不科学；教育目标定位缺乏科学性；教育主体的素质有待提高；缺乏有效的评价机制；教育途径单一；教育方法单一；缺乏生动性，主要靠简单灌输。以上原因导致当前高校价值观教育的效果不够显著，当然价值观教育也受到了当前的社会思潮、多元文化的影响与冲击，因此，必须加强大学生的价值观教育，引导其树立正确的价值观。

（二）对社会价值的重视较多

人的价值，既要看到个体对类的作用和意义，也要看到类对个体的作用和意义。前者是以人类为主体，以个人为客体，探讨个人对人类的价值；后者是以个人为主体，以人类为客体，探讨人类对个体的价值。

人的价值应包括个人价值与社会价值。人的社会价值与自我价值是对立统一的关系。在二者的关系把握上，要避免两种偏向：一种只注重社会价值；另一种是只注重自我价值。马克思主义的人生价值观是集体主义的人生价值观，因为其是以人民为价值主体，所以人们通常说的人的价值是指人的社会价值。

中国由于受到封建传统文化的影响，中国封建思想比较强调人的集体本位，在人的价值上比较强调人的集体价值观，主要是强调个人利益服从集体利益，在一定程度上，重视了人的集体价值的发展，促进了封建社会低水平生产力的发展，但同时这种封建的集体本位的价值观发展是不利于人的自我价值的健康成长。同时，中国以马克思主义思想为指导思想，马克思主义的人生价值观也是集体主义的价值观，因此受到中国传统文化以及指导思想的影响，中国的价值观教育与引导更多地体现在对于人的社会价值的培育上，一定程度上忽视了人的自我价值的培育，影响个人价值的健康发展。中国经济的发展、时代的转型，以及外来文化的影响，使人们对于出现了文化多元化参与，同时价值领域的多元化发展既是对当前中国价值观的冲击，也说明了社会的发展要求我们在价值观教育方面要更加注重社会的发展，更多注重文化价值观所带来的影响。

正如前文中对于价值观教育的分析那样，由于受到传统文化的影响，以及中国价值的深刻束缚，当前中国的价值观教育仍然将个人的社会价值放在重要地位，当然，在这里强调对于社会价值的重视，很大程度上促进了中国几千年来的发展，但同时这一对于社会价值的过度重视以及对于价值群体本位的重视，都在一定程度上抹杀了个人的自我价值和价值的个体本位，是不利于当前社会主义条件下价值观教育的发展的。当前社会主义社会是有利于个人的自我价值实现的社会，同时这一社会环境更加强调以人为本，重视人的价值的个体本位更有利于当前社会人的全面发展，这也正是当前文化育人所要对高校大学生所做出的价值观引导。对当前大学生的价值观引导问题也就是对整个社会未来的价值观引导问题，因此必须加以重视。

二、注重大学生的价值观引导与教育

（一）必须注重正确的价值观教育

高校文化育人的宗旨即是全面提高学生的综合素质，因此在高校进行价值观教育与引导是必要而刻不容缓的，可以从以下五个方面入手。

第一，转变教育模式，变灌输教育为生动的学生参与教育。当前中国的价值观教育已经到了刻不容缓的地步，社会经济的发展，国际多元文化的交流，使当前的价值观教育既十分必要，又异常复杂，而大学作为培育高级人才的场所，对大学生的价值观教育不可或缺。大学生作为未来的社会主义的建设者和接班人，其世界观、人生观和价值观尚处于形成阶段，因此，价值观教育显得尤为重要。当前教育模式由于受到传统教育模式的影响，比较僵化，因此必须在教育方式上与时俱进，将传统的灌输教育摒弃，价值观的教育和引导必须以积极的学生参与的方式进行，通过理论引导与实践教育，在价值观引导上注重学生发展的主体地位，充分发挥学生积极能动性。

第二，在教育内容设置上，了解大学生的心理特点，在内容设置上更加科学化，适应大学生特点。在当前的价值观教育内容上，要注重价值观教育本身所具有的递进性特点，循序渐进地进行价值观教育。价值观教育不是一蹴而就的，因此在人的一生的成长教育中，家庭教育、学校教育和社会教育三者不可分割，因此学校教育中必须从头抓起，注重价值观本身所具有的递进性特点，在学校对于价值观的培育中，注重学生的年龄特点、身心发展特点以及社会因素的影响，从而在价值观教育的课程设置、环境影响中，都很好地注意到学生价值观发展的特点，做好教育内容的设置。

第三，价值观教育要体现与时俱进性。面对当代社会环境的变化，价值观教育必须关注社会思潮、文化影响等多方面因素，以建设社会主义核心价值为导向，在价值观教育上，注重社会环境对价值观形成于发展的影响，注重社会思潮的冲击，同时对于当前文化多元化的社会状况，高度重视文化价值观的影响，以文化环境建设为依托，以文化教育为载体，以文化价值观影响价值观教育。

第四，教育者要提高自身素质。教育者在价值观教育中处于教育主体的地位，其作为价值观教育的主体及引导者，既要注重教育者的主体地位，也要注重自身作为教育者的言传身教的巨大力量。高校文化育人的主体是文化育人的实施者，是从事文化育人认识活动和实践活动的个人，是文化育人的实施者和发动者，既指向教育个体，也指向教育群体。从这一对文化育人的主体的界定，我们可以了解到，当前中国文化育人在方式上存在传统的僵化性，在其形式上，文化育人的实施者也是煞费苦心，但在教育的效果上却见效甚微，这一方面当然与教育客体参与的积极度以及接受文化熏陶的能力有关，但同时也在文化育人的主体方面反映出文化育人的主体性缺失的现状。在文化育人的主体方面，一方面要在自身素质上下功夫，不断学习，提高自身知识水平和能力水平；另一方面，要不断探索价值观的教育方法，与时俱进，在教育教学方法上有所创新。

第五，要注重大学生的主体地位。一是注重文化育人中的学生的主体地位。在文化育人的管理方面，教师和管理人员要注重和突出学生主动性，给予积极指导。大学生的个性特征还不稳定，尚且缺乏自控、自管的能力，不能正确辨别所接触思想是否具有诱惑性、煽动性和危害性。在文化育人中，要注重对大学生主体性地位的重视，同时也要注重引导，以保证校园文化的健康向上，有利于大学生的素质提高。在具体工作中，管理部门可以将活动的组织、策划、实施等具体工作交由学生负责，调动学生积极性，同时也要对活动进行方向和体系指导，实现学校对文化育人建设的宏观把握和控制。二是注重学生在文化育人管理中的主体地位。在过去的学生管理工作中，以往形成的管理模式都是属于管理者与被管理者之间的“主从”关系，在文化育人的管理中，我们要打破这一管理常规，充分发挥学生在管理过程中的自主意识和平等观念，实现管理过程的民主化，让其充分享有民主权利，才能有效地发挥学生参与文化育人的积极性，提高对于文化育人的管理效率，培养引导管理对象对管理者的认同，在心理上产生自主感和责任感，增强学生自我管理的内驱力，使文化育人的管理工作更加突出学生主体性地位，从而加强了文化育人的人性管理，使学生从被动接受变为积极参与，提高文化育人效果。

(二)必须注重人的个人价值与社会价值的协调发展

高校文化育人对学生价值观的引导包括促进个人的自我价值和社会价值的协调发展。马克思在《青年在选择职业时的考虑》中认为青年在选择职业时，应该追寻人类的幸福和我们自身的完美，人们只有为同时代的人的幸福而工作，才能使自己也达到完美，这说明实现社会价值是实现个人价值的基础。个人的自我价值和社会价值是对立统一关系，二者具有内在的一致性和相关性。一方面，社会价值的实现是个人价值实现的基础；另一方面，个人价值的实现促进社会价值的发展。

对于自我价值，可以从集体主义和个人主义两个方面来理解。从集体主义立场出发，以对社会、国家、集体是否有利为价值衡量标准，有利的为正价值，反之则为负价值；从个人主义立场来理解，是以对个人是否有利作为评价标准，有利为正价值，反之则为负价值。

当今社会的价值观由于受到西方价值观以及社会思潮等多方面的影响，在一定程度上出现偏差，因此在价值观教育上，一方面必须重视社会价值的重要性，促进学生社会责任感的形成，使个人价值的实现以社会价值的实现为依托，防止个人主义的泛滥；另一方面，我们也必须认识到过度强调社会价值在一定程度上阻碍了个人价值的健康发展。因此，我们在个人的自我价值的教育与引导中，注重学生的主体地位，注重学生的个人价值，实现个人价值与社会价值的协调发展，树立正确的价值观。

第四节　文化育人工作的发展论分析

一、高校文化育人在人的发展方面存在的问题

（一）高校学生的综合能力不强

目前高校学生综合能力不强既表现在理论知识基础不够牢固，更体现在专业实践能力不强，这既有学校教育、课程设置方面的原因，也有学生在学习过程中对于自身认识、自身要求方面等多方面的原因。

主要体现在：1.实践能力不够。传统教育注重理论学习，缺乏实践性思维的培育以及实践性教育活动的开展，因此当前高校学生的实践能力缺乏，对社会实践活动也缺乏积极的态度，社会实践教育尚待发展。2.学习兴趣和学习能力下降。大学生入学以后释放了巨大的学习压力，代之以积极参与社交与社团活动，导致学习兴趣与能力下降。3.自我控制能力不够成熟。大学管理制度相比高中更加人文化，大学生由于自我控制能力不够成熟，在学习与成长方面缺乏科学规划。4.对自我认识不足。人对自我的认识影响人的行为与判断，大学生尚未形成完整的价值观，在对许多外在事物包括个人自身方面都没有形成全面的认识，存在片面的状况，这些片面认识都容易对大学生综合素质的提高造成不良影响。

除上述四个方面以外，大学生在理论分析能力、实践动手能力、良好的心理素质、具有良好的情商、对于传统文化的继承与现时代文化的认同、树立正确的价值观等方面还存在自身的问题。在以上对于当前大学生综合能力缺乏的总结方面，仍有很多地方需要完善，因此，如何以促进当代大学全面自由的发展为导向，以高校文化育人的实施来推进，已经刻不容缓。

（二）高校学生的社会关系过于片面

人的社会关系的发展作为人的发展的一个方面，在人的发展中也发挥着重要的作用。当前高校学生社会关系简单，导致其社会关系的发展不够全面，影响高校学生个人能力的发展。

大学生在校园中的学习与生活，不仅是要为将来的工作打下专业技能的基础，同时也为社会中的人际交往奠定基础，因此对大学生进行社会关系发展的引导是十分必要的，但当前的现状是大学生的社会关系比较单一主要体现在以下几个方面：1.大学生社会关系来源简单。大学生的社会关系主要是家庭关系、师生关系和同学关系，他们由于年龄、阅历以及所处的社会地位的关系，社会交往较少，社会关系基础较为单一；2.大学生原生社会关系基础上的次生社会关系发展缓慢。当前大学生的家庭关系、师生关系和同学关系是大学生的原生社会关系，而由原生社会关系发展出来的次生社会关系，如亲属之间的延伸关系、师生之间的延伸社会关系，以及同学的同学以及朋友之间的次生社会关系，由于大学生在社会交往的不成熟性以及心理发展的封闭性，使大学生的社会关系的发展不尽如人意；3.大学生个人身心素质发展还不成熟。大学生身心都处于发展阶段，虽然具有了成年人的体质特征，但是心理发展还不成熟，在人际交往中往往具有冲动的特征，人际交往中缺乏沟通，造成人际关系发展障碍；4.社会原因的影响。大学生社会背景不同，在思维方式上有很大不同，一方面存在着富裕与贫穷大学生交往方式的区别，另一方面存在着大学生自身个性特点的差异，因此必须注重社会原因对大学生交往的影响。

处于一定社会关系中的高校学生，其能力的发展一方面必须处于社会关系之中，社会关系为个人能力的发展提供了基础和便利的条件；另一方面，社会关系也会对个人能力的发展有的制约作用。因此，在高校学生的社会关系的发展方面必须促进高校学生在社会关系发展方面的自觉的控制能力，加强教育教学引导，从文化教育与道德教育方面入手，积极引导，从而更好地实现个人能力的发展，促进全面发展。

二、高校文化育人在人的发展方面问题的解决建议

（一）重视人的综合素质的培养

从人的发展方面来说，人的发展包括多个方面。高校文化育人在人的发展方面，其目的是促进人的全面发展，因此在教育过程中，必须重视人的综合素质的培养。如何培养人的综合素质成为当务之急。了解综合素质所包含的指向面，做到有的放矢。对于大学生的综合素质定义，有不同的观点。综合素质可以划分为德育素质、智育素质、身心素质和发展性素质四项。正如我们所倡导的那样，大学生要实现德智体美劳的全面发展，同时更要注重大学生的发展性素质，以发展的眼光和态度促进大学生的素质发展。大学生综合素质的重要性已是不言而喻，因此实现大学生的全面发展，如何实现对于大学生的综合素质的培养已极为紧迫。从当前大学生综合素质方面来看，结合大学生的身心发展特点以及当前社会对于大学生的影响，我们必须从当前高校教育的实际出发，从大学生的发展特点出发，对大学生的特点和成长规律进行分析，进行大学生的综合素质培养。第一，深化当前大学生素质教育体系。当前的素质教育体系在大学生综合素质培养方面仍然存在对于综合素质认识不够的问题，必须认识到当前社会发展与学校教育对于素质教育的迫切要求，深化素质教育体系，促进综合素质培养；第二，加强大学文化建设。当前大学生综合素质的培养，不仅离不开素质教育体系的教育培养，也离不开大学文化建设，不仅体现在大学文化所提供的宏观氛围，如良好的校园环境、合理的制度设计，更体现在对大学文化的建设上和教育上，积极开展大学生

文化教育，以文化价值观实现对大学生综合素质的培养；第三，加强大学生的思想道德教育。以中国传统文化的精华和时代的主流价值观引导，使大学生树立正确的价值观，提高思想道德修养；第四，加强大学生心理素质教育。当前大学生普遍存在心理素质不过硬、容易遭受挫折的情况，因此，加强心理健康教育，加强疏导是形成良好综合素质的重要方面；第五，加强高校的实践教学。目前高校主要存在重理轻文、重理论轻实践的状况，这与社会发展是脱节的，增强实践教学环节，提高学生的实践能力，有利于综合素质的提高。

（二）注重学生社会关系的发展

人的发展包括社会关系的发展。同样，当代大学生的发展也离不开其社会关系的发展，在大学生的社会关系的发展中，既包括大学生的社会关系生成，也包括大学生对社会关系的控制。当代大学生在其社会关系的形成方面，其实现生物人向社会人的转变的过程，必然受到高校文化的影响，当前文化育人体现在当代大学的教育教学中，体现的是文化价值观的影响与引导，这对于大学生在社会关系的形成方面有指导作用。大学生通过大学教育和大学物质环境和文化环境的影响，促使其原有社会关系产生了新的变化，这些关系包括学生与领导、学生与教师、学生之间、学生与家庭、学生与朋友之间的关系。大学生的社会关系应该包括他们的人际关系的总和，在大学生社会关系的形成方面，大学生社会角色和对外部社会环境的认识和理解能力也发挥重要作用。我们要注重大学生的社会关系的发展，在大学生的社会关系的生成方面做好引导与教育。在大学生社会关系网络的控制上，在社会关系形成以后，随着社会关系的发展，大学生必然会以其自主能动性实现对于自身社会关系的调整，使其社会关系更符合当前的自身发展，由于大学生自身身心发展的不成熟性以及社会因素的影响，其在社会关系的控制上还存在一定的偏颇性，不够成熟。因此，大学生在其社会关系的发展与控制上的发展必须以积极的文化引导。文化育人即是以文化的整体价值观贯穿于文化育人的理论与实践，因此，大学生对于社会关系的控制，首先要注重大学生的社会关系所具有的特点，大学生由于身心发展的不成熟性和受到社会不良风气的影响，使其在社会关系的处理上更容易冲动和偏激。其次，要加强对大学生的思想引导工作，注重大学生心理个性，针对大学生这一群体进行社会交往方面的指导，以防止大学生的过度社会化等偏差行为的出现，以促使大学生社会关系的科学发展，从而实现人的全面发展。

第五节　文化育人工作的人学建构措施

一、高校文化育人的课程设置

文化育人注重的是以文化的整体价值观贯穿教育过程。鉴于文化特征的特殊性，其传递的社会遗传方式这一特点，文化育人作为一种育人方式是以文化的整体价值观贯穿于整个高校文化育人的过程之中，在其传递过程上，注重文化价值观的贯穿；在其传递方式上，注重社会传递。实现以文化来育人，是针对中国教育过程中的文化价值观仍需建设为指向。在“文化”这个词语中，虽然当前教育中的多种知识均有文化育人的作用，但作为文化价值观承继的主要载体则主要是人文学科。文化育人是通过文化价值的介入，使各种复杂知识在人文精神的烛照下融会贯通。 文化育人的人学透视，以人学理论为指导，以关注人的存在、人的本质、人的价值以及人的发展为理论指导，探寻文化育人的积极之路。于教育而言，“本真的、‘考虑了教育的本质’的教育必定是以人为出发点和归宿的教育”。因此，可以说文化育人既与教育相关，又离不开对于人的关注。在文化育人的课程设置上要注意以下原则：1.教育与人学的共同性。教育与人密切相关，教育作为培养人的社会之间活动，在教育学的研究中，人作为教育主体与客体，其存在的地位不言而喻，教育作为成人之学，教育学就是“人学”，即人的成长之学。2.文化育人教育中充分尊重人的地位，尊重人的存在、人的本质、人的价值和人的发展。人既是教育活动的出发点，也是教育活动的终极目标与归宿。3.文化育人实践中注意如何实现人的教育，以教育为手段，使“人”逐渐成为一个人，使人在教育活动中，在社会发展中，以教育为手段，以实现人的发展为诉求，促进人的进步与发展。4.文化育人课程的可知性。文化育人的课程针对的是大学生，由于专业背景的不同，要求文化育人的课程既要注意专业课程中的素质培养，也要注意在文化育人中的接受性。5.注重课程的引导性。文化育人以文化的整体价值观实现对于人的引导，在课程设置上，也必须注重文化育人课程的引导性，注重课程教育中的引导性教学，激发学生的思考能力，要注意学生的具体情况，如专业背景、学习习惯、个人心理特点等不同特征，在课程设置上有的放矢，注重引导的指向性。文化育人的课程设置既要参考已经较为成熟的文化素质教育的课程设置，同时针对文化育人自身的理论发展和实践特点，依据文化育人的目标与宗旨，设置文化育人的课程。

第一，依据学校情况设置课程。对于实力强劲的综合性大学来说，可以在理论教育课程设置上兼容并蓄，在更广泛的层面设立人文科学、社会科学，自然科学、艺术学、以及中国传统文化和西方文化的各门课程，以及由受众学生的反馈以及校园文化环境的不同，可以设置针对本校特色的文化育人课程。对于综合实力稍显欠缺的学校来说，文化育人的资源相对匮乏，无论是从硬件设施，还是教育资源，都无法以分门别类的，或者广阔的育人空间和实践来满足学生的成长需求，因此，应该因校制宜地去开展本校的文化育人的课程建设。

第二，兼顾大学生群体的专业特征。高校文化育人针对的是大学生群体，大学生由于专业的不同，有文理科之别，因此在课程设置上，既要注重大学生的共性发展特点，也要注重大学生的个性发展以及专业特点；既有统一的教学大纲要求的必修课，也有选修课和活动课；既要兼顾专业知识的学习，也要注重实践技能的培养。

第三，理论教育课程和实践课程平衡发展。在理论教育课程分类上，要注意理论教育课程设置的广泛性与针对性并存；在文化育人的课程建设上，既要注重文化育人本身所体现出来的文化价值观对人的培育，文化的影响作用，也要注意到文化育人的人学指向，以人学的视界来审视教育，审视文化育人；在实践课程上，要积极开展第二、三课堂教育，以丰富的课外实践、积极的社会实践活动参与，紧密联系第一课堂的理论教育，丰富文化育人的各类教育活动。

第四，塑造文化育人的自身特色。文化育人这一背景下，我们在充分肯定了文化对人的积极作用，发扬成果，将文化育人推向理论发展与实践前进的路上，文化育人的课程设置要凸显文化育人的自身特色。课程设置仍然是文化育人的主阵地，文化育人的课程设置主要需要突出育人，体现出对人的培育，注重文化教育中文化价值观的引导。

高校文化育人的课程建设最终要靠文化育人的第一课堂来实施，同时也要注重第二、第三课堂中文化育人实践活动的开展。同时由于当前的教育教学技术手段的发展，课堂建设也不再仅仅拘泥于传统的建设模式，微课、慕课等新的教学形势由于其针对性强、便捷性等特点，也将广泛运用于文化育人的实践之中，将文化育人的教育以便捷的网络形式，以针对性强、目标明确的小规模的教学模式，融入当前文化育人的理论教学与实践活动。

在做好文化育人的传统的三个课堂建设以外，我们也要注意到当前网络的发展、网络文化的发展给当前的文化育人带来的机遇与挑战。大学生本身处于较强的求知欲阶段，又有较高的知识水平，能够较快地接受和融入互联网时代中，他们通过各种方式参与到移动终端的 APP 浏览使用，QQ、微博、微信等网络活动，这些都成为当代大学生在互联网时代对于互联网的参与手段。随着学生对于互联网各种信息的接收与参与，以往的纸媒体时代已经逐渐为自媒体时代所取代，网络在大学生的身上体现出了更多的特点。因此，文化育人的课程建设和客体建设也注意到网络文化对大学生的影响，更好地实现对于大学生的教育和引导，必须了解互联网文化的特点，以“互联网+文化”的模式去解构当代大学生在互联网时代所处的地位和扮演的角色，厘清事实，准确掌握大学生在“互联网+”时代所体现的特点。

二、高校文化育人的第一课堂路径

高校文化育人的课堂路径是对文化育人课程设置的现实实施，是实施文化育人的主要阵地，文化育人的课堂路径在遵循传统的教育路径上，也要发展文化育人三个课堂的功能与作用。三个课堂中，第一课堂是传统课堂，也是文化育人的主要课堂，主要是指传统的课堂教学，其目的是完成教学大纲规定的教育教学目标。在第一课堂教学之外，因地制宜、因时制宜地开展课外活动，积极组织参与，将第一课堂的教育教学成果与第二课堂的发展积极融合。第三课堂，主要针对的是社会实践活动，在第一课堂的教学与第二课堂的课外实践之外，积极参与社会实践，将所学知识与经验积极与社会实践活动相结合。高校文化育人的发展，已将其教育教学在关注人、发展人的道路上越走越宽阔。因此，加强三个课堂建设，形成文化育人建设的合力，是必要而有效的。

文化育人第一课堂的建设是文化育人实施的基础，这是由于人的发展以及所接受知识方面存在的接受性，特别是当今大学生行为特点以及发展特点。虽然当今的文化育人教育已经不能再使用简单的灌输教育，但是人的后天学习中的习惯行为的养成性，决定了文化育人的第一课堂建设的有效性。第一课堂的建设主要依托于大学生在学习过程中的接受性行为规律。从心理学来讲，“人是群体性最强的社会性高级动物，作为集中度最高的社会群体，中国的大学生一般都不愿意减弱其社会可容入性，大都愿意接受社会环境的影响，大学生在生活结构、心理结构、逻辑思维结构上的高度同构性和同源性，使他们愿意接受他人的观点，具有了自然前提。”因此，文化育人的第一课堂在建设上，大学的教育机制为其提供了时间空间，大学生的心理机制也为第一课堂的建设提供了基础，使其成为较为稳定的文化育人阵地。从教育哲学上来讲，学生作为受教育者具有接受教育主体的教育意识的能力，同时具有接受能力。第一课堂的建设，可以使教育者将自己的教育动机和教育意识传播给大学生，同时大学生具有一定的受教育水平，也具有接受这种教育意识的可能性。第一课堂的建设具有其实现的可能性，同时也说明了在第一课堂的建设上，我们要注意第一课堂建设的指导思想的强力性、制度安排的强力性和教学内容的强力性。

第一课堂的建设是以实现对于大学生的文化育人为目标，因此，在教育指导思想上，一方面要认识到教育的重要性，另一方面也要认识到文化育人课堂教学的重要性；在课程设置上，不仅要保证文化育人教育的科目和学时，而且要以制度保证文化育人实施的连贯性；在课程上，既注重课程安排上对于专业课程的文化育人的思想体现，也要注重人文学科的课堂实践，引领大学生积极学习文化知识，体会传统教育与现代教育的融合，体会中西方的教育贯通；在教学内容上，教学内容要注重教学大纲所要求的目标，体现教学大纲的权威性，保证第一课堂的教育地位。大学文化属于社会文化的亚文化范畴，因此，应该积极地开展文化育人。在第一课堂具体的课程开设上，注意各种文化对大学生文化价值观的影响与引导作用，注重各种文化课程的开设。文化种类的划分不是一件容易的事情，根据不同的划分标准，文化可以划分为不同的类型，从地域上讲，有东方文化与西方文化；从时间上讲，有传统文化与现代文化；从阶层上划分，有精英文化以及对应的平民文化、大众文化、草根文化、山寨文化等文化现象；从所占地位和影响上来看，又有主流文化和亚文化。在文化育人的第一课堂建设上，在重视文化的积极影响、注重文化类型的基础上，也要积极按照不同的文化类型助力文化育人的第一课堂建设。

第一，东方文化与西方文化。东西方文化的界定是从地理位置上界定的。东方文化更注重礼仪，强调集体主义；西方文化是强调个人实现的文化状态。因此，在对大学生的文化引导上，应注重中国集体主义价值本位和西方个人主义的平衡。

第二，传统文化和现代文化。社会的发展使中国传统文化的传承与教育显得更加艰难而必要，传统文化的学习可以让我们实现最传统的文化回归，同时积极引导现代文化对当代大学生的影响，树立现代意识。

第三，精英文化和大众文化。按照国内学者邹广文和西方社会评论家列维斯的观点，精英文化是知识分子及其精英们创造及传播的文化；大众文化则一般指以社会下层人群为主体，满足一般大众需要的文化类型。精英文化与大众文化是文化并存的两种状态，大学生作为高学历的社会建设者，应该对其进行精英文化的教育，引导他们多学多读古典现代著作。我国社会发展正处于向市场经济的转型的阶段，“重心下移”的趋势也同样出现在文化领域，文化需求市场的主体越来越被普通大众所占据，这是一种具有历史合理性的进步，但也要注重大学生中大众文化的发展与教育。

第四，主流文化和亚文化。我国目前的主流文化是指中国特色的社会主义文化，当前的社会主义核心价值观教育是社会主义文化教育的重要部分。大学文化作为亚文化的一种，构成学生所处日常的校园环境，是大学生学习生活中一种主要的亚文化方式，需要以社会主义文化积极引导。同时也要注意第一课堂中时常出现形式化和僵化，既要将第一课堂与当前的教育教学形式结合，也要将第一课堂与当前大学生的身心发展状况结合，在教学手段和措施上灵活多样，并积极开展社会实践活动。

第四章　校园文化与高校育人

第一节　校园文化概念及意义

一、校园文化的内涵

校园文化是整个社会文化的一个重要分支，它是相对于社会文化这个整体而言的，是一种附属于社会文化而存在的理论体系，即一种亚文化，具有亚文化的属性。高校校园文化是大学生日常生活的主旋律，是教学活动中的主体和客体在长期的教学实践过程中形成并且共同认可的价值观和人生观，以及所遵循的价值理念和人生信念的客观反映，是教学活动的主客体共同创造和享有的文化氛围。

校园文化从属于社会文化，同时，它的存在和发展也具有一定的相对独立性和一定意义上的超前性，引领着社会文化的发展。校园文化的独立性和超前性，首先表现在校园文化具有自己的活动空间。校园文化的发展寄托于校园，并且离不开校园，离不开校园组织与校园活动的参与者，否则就失去了其存在和发展的意义；其次，学校在传承文化的同时，又在创新文化和生产文化，这就必然具有引领社会文化的功能；最后，校园文化还具有自己的活动主体和客体。校园文化同社会文化一样，都是人类实践活动的成果，但创造它们的主体有着很大的区别。校园文化的主体称为校园人，即参与校园活动的主要人员，包括学生、教师、行政管理人员及后勤人员等。校园文化的客体是所有校园人的活动对象，包括物质环境、团体组织及校园的制度政策等。因此，校园文化具有自身独特的文化特征。

校园文化还是一个系统工程，是一个有机的系统复合体。社会主义主导文化是其基础，核心是本校的价值理念，同时还有校园环境、学校传统、人员素质、领导作风、学生学风、教师教风等丰富的内涵。这些都反映出校园文化在社会主导文化中的地位和作用，同时也体现出学校发展的现代管理水平及文化进步程度，体现了该校的学术文化氛围，代表着该校的整体形象。因此，良好的校园文化有利于促进整个社会文化的发展。

综上所述，我们得出校园文化概念的定义，即在社会文化的大背景下，以社会主义先进文化为主导，以校园环境、教学设备设施等为物质基础，以校园活动参与者为主体，以全体师生特有的思想观念、价值取向、思维方式、心理素质等为核心，以校园精神为支柱，由全体校园活动参与者在学习和教学实践中共同创造的物质文明与精神文明的总和。

高校校园文化的基本形态主要有四种：物质文化、精神文化、制度文化、行为文化。

（一）物质文化

校园物质文化是由高校教育教学所备物质条件构成的，是可以被人感知的客观存在的一种实体文化，是校园文化的有机组成部分。它不但包括学校的教学设施设备、生活设施、体育场馆、娱乐设施及办公场所等为实现学校德育、智育、体育等多种教育目标而提供的一切物质资源，而且还包括校园所处的外部环境、区域文化等自然环境和人文环境。物质文化是高校校园文化的外壳，是其外在体现，是高校进行物质文明建设的前提和基础，同时又是高校精神文明建设的载体和反映，是校园中一种看得见、摸得着的物化的文化形态。校园物质文化集中反映出一所高校的办学思想、教育理念、精神风貌与价值取向，与此同时，也映射出整个校园文化历史发展积淀的时代特征、地域风格和民族样式，折射着学校主体的价值倾向和审美意向，是校园其他文化形态存在和发展的物质基础。校园物质文化应该是独具特色的、高雅的，并且是人文的。创建积极健康、尊贵高雅的高校校园物质文化，有利于美化环境，装饰校容，并且能够以其独特的物质文化形态对学生产生重要影响，陶冶情操，净化心灵，有助于青年学生树立正确的世界观、人生观和价值观，帮助他们建立高度的责任心，增强他们的社会责任感，从而有利于促进其社会化的完成，引导他们更快、更好地适应社会。

（二）精神文化

校园精神文化是一所高校在长期的办学实践过程中形成的，积淀于学校所有成员，并外化出来充溢于整个高校的精神总和，是一所高校所特有的精神风貌和精神气质。校园精神文化主要包含有一所高校的办学理念、求知风气、思想观念、文化氛围、价值取向、道德水平、政治信仰和艺术情趣等精神财富。校园精神文化居于核心地位，是高校校园文化的核心理念，是校园文化的高度概括，是组成校园文化结构的最深层部分，是高校校园文化建设的最高目标，集中体现了一所高校的精神风貌和办学理念。校园精神文化具有一定的先导性和稳定性，能够营造出一种良好的文化氛围，潜移默化地渗透到各个群体之间，使受教育者自然而然地融入整个校园文化当中，受其教育的熏陶。同时，校园精神文化还具有辐射性，对内辐射整个校园活动的群体，对外辐射整个社会文化活动。营造良好的校园精神文化有利于激发师生的奋斗热情，调动他们的积极性，从而激励师生更好地投入工作和学习中去，有利于高校更好地进行育人工作。

（三）制度文化

校园制度文化是一所高校各项规章制度的总和， 如学校的人事制度、学生制度和干部制度等。它是高校培养目标的规范化标本，是使高校管理步入制度化、法制化的必经轨道，集中体现了一所高校的办学水平、文化品位和价值取向，是高校有意识地在校园范围内强制执行和严格遵守的一种文化类型。首先，高校校园制度文化具有层次性，因为每个大学都包含各个组织、院系、部门和班级，每个不同的组织都有各自遵守的规章制度。其次，校园制度文化还有一定的稳定性和权威性，大学校园不仅要拥有一个充满生机、充满活力的学习氛围，同时也要给人一种严肃感，使所有校园活动参与者都能按照它内部规定的方式方法有序参与校园活动。校园内所有的规章制度都是按照基本的职业操守和基本的道德规范所规定的，有利于高校维系正常的校园秩序，是校园文化的内部保障机制。通过各种规范系统的校园规章制度，各类校园活动得以秩序井然地进行。除此之外，校园制度文化还能够通过激励的机制来鼓励校园活动参与者按照科学的、积极向上的理念引导和规范自己。因此，严谨规范的高校校园制度文化有助于促进青年学生良好品德和价值理念的形成，能够为学生自然成长营造一种理想化氛围，更有利于在代代学生中形成自然传承的精神文化传统。

（四）行为文化

校园行为文化是校园活动主体在实践活动中表现出来的行为方式，是学校中各个成员在教育教学过程中所实施的各种行为，是一所高校精神风貌、校园文化和办学理念最直接的外在表现。与此同时，校园行为文化还集中体现了一所高校的校风、学风、干群关系以及师生关系。校园行为文化主要包含师生的教学习惯、学习习惯、活动内容、生活方式、学术活动形式，以及校风、学风和教风等。它要求校园活动主体按照理智的思想，在正确的主观意识指引下进行校园实践活动。校园行为文化的弹性机制很强，变化速度也快，因此，只要校园内部流行起一股新的物质或者思想潮流，校园活动主体的行为文化的变化就会最先体现出来。

二、校园文化建设的现实意义

（一）良好的校园文化有利于高校的和谐稳定

和谐稳定是一所高校进行可持续发展的重要前提和基础。良好的校园文化能够促进人际关系的和谐，使得人与人之间相互尊重、相互理解、相互包容。在积极健康的校园文化的熏陶下，高校全体成员的价值理念、思想观念、行为准则、道德素养和目标理想会逐渐趋于高度的一致性，使得他们在行为上不会产生原则性的矛盾与冲突，这有利于大学生静心学习和慎独修为，有利于高校的和谐稳定。

（二）良好的校园文化有助于更好地引领社会文化

高校校园文化附属于社会文化，是整个社会文化极为重要的有机组成部分，更是社会文化的重要源头。随着我国高等教育改革的深入和发展，高校同整个社会大环境的联系越来越紧密，越来越融合。高校是高级知识分子汇集的地方，而知识分子是先进思想和先进理念的领头人和创造者，因此，他们率先创造出的先进思想和先进理念能够迅速辐射到社会每个角落，从而推动社会文化的进一步发展。与此同时，受过良好校园文化熏陶和感染出来的青年学生也是社会进步和发展的重要力量，他们都为社会文化的发展贡献着自己的力量。

（三）高校校园文化反映着高校的外在形象

高校的外在形象分为两种：有形的和无形的。有形的指校园物质环境，无形的指学校的声誉和口碑。校园文化是在长期的办学实践过程中积淀下来的，是一种群体文化，时刻都在向整个社会大环境进行渗透和辐射，在高校校园外形成一种舆论导向，反映出人们对学校外在形象的感性认识，有利于学生对大学的认同感和光荣感，社会认同反过来促进学生自信与自觉。

（四）良好的校园文化是实施素质教育的重要保障

大学生在高校不仅要学知识、学技术，更要学习思想和方法。良好校园文化的最终目标是要创建一种积极健康的文化氛围，帮助学生陶冶情操，塑造健康的人格，提升学生的整体素质，从而达到进行素质教育的最终目标和要求。随着整个社会的不断进步和发展、知识的不断更新、技术的不断革新，高校校园文化对校园个体的影响是恒久不变的，它是思想进步、综合素质全面提升的不竭动力。

第二节　校园文化中的育人功能

一、校园文化育人功能的内容

人创造了文化，同时又生活一定的文化环境之中，无时无刻不受其教化和熏陶。在人的成长和发展过程中，一直伴随有文化的教化，从而使人不断塑造自己的个性，不断完善自身的人格。社会和文化赋予人一定的工具和能力，他们利用这些来观察社会和生活，不断地汲取各类为我所用的信息，丰富自身的内涵。人使用自己的创造力来推动社会的发展，社会又重新把它回赠给人；人类推动社会的发展和文化的进步，反过来，社会的发展和文化的进步又使人不断地走向完善。最终，使人实现真善美的和谐统一。

大学是知识和文化传播的殿堂，推动了我国知识经济的形成和发展，肩负着为我国社会主义现代化建设培养全面发展人才的重任。高校校园文化指引和导向着人的全面发展，又给他们提供巨大的舞台促进其发展。一方面，高校校园文化是在各类积极意义的文化基础之上融汇而成的。大学校园个体能够根据社会的发展要求，顺应时代发展的主旋律，依据人的发展方向，按照整体的教育目标，确立一定的价值目标体系和行为方式，形成一定的文化氛围，对校园个体起到一定的指引和熏陶作用。大学生可以在这样的条件下，选择适合自己的价值目标、生活方式，并且塑造自身的人格。另一方面，校园个体是高校校园文化的创造者、参与者和享受者，他们能够根据自己的兴趣、特长和需求，通过参加各类丰富多彩的校园文化活动，发现自己，证明自己，塑造自己，完善和发展自己，为学生的全面发展提供了一个巨大的舞台。高校校园文化是一种高层次的文化，有着多层次的内容，因此，校园文化的育人功能也是多方面的，具体阐述如下：

（一）塑造人格、品格的功能

学校是教育的场所，学校的首要目标和最根本的任务就是为社会培养和输送各类人才，学校的一切都是为教育而服务的。

首先，从物质文化建设方面来说，学校的教室、文化娱乐场所、实验室和宿舍等各类场所，都是为校园个体所服务的，都是为实现教育这个根本目标而服务的，充分体现了其教育服务功能。比如学校的图书馆，它是知识的宝库，是知识的殿堂，环境优雅，非常有利于师生读书；一些国内知名院校的雕塑、极具特色的校园纪念馆、名人故居等，都体现了这些院校的历史文化传统、教育目标和成就等，这些无不例外地激励着后人要向前辈们学习，创造出更加辉煌的成绩。

其次，从精神文化建设方面来说，学校的各项管理规章制度以及校风、学风建设等，它们的教育作用是更显而易见、更直接、更深刻的。学校的各项管理规章制度是学校进行办学的有力保证，这些制度规定了学生在学习和生活的各个方面和各个环节的要求。这些管理规章制度都蕴含了学校深刻的教育制度文化。如果说学校的各项规章制度是有形的力量，那么校风和学风就是一种无形的力量。校风和学风一旦形成，对每一个校园个体都会起着一定的导向、约束和激励的作用，这是一种无形的教育工作和教育力量。

（二）德育功能

首先，德育功能表现为陶冶学生的情操。学校优美的校园环境，如诗如画的校园风光、布局合理的校舍建筑、积极健康的教育教学设施、整齐干净的道路等，这些无一例外地带给学生巨大的精神力量。学生在良好的校园文化的感染和熏陶下，由美生爱，从而产生热爱母校、热爱家乡、热爱祖国的优良品德。学生在优美幽静的环境下学习，舒心怡神，从而有利于增强他们的环境保护意识。积极健康的校园文化对低俗腐朽的消极文化有很好的抵制作用，能够帮助学生形成良好的世界观、人生观和价值观。

其次，德育功能还表现为规范学生的行为。学校严格的管理规章制度和健康的集体舆论对学生的言行举止具有规范导向作用。当学生的某些言行举止不符合学校的管理规章制度和集体舆论的要求时，学生便会进行自我调节和矫正，从而尽可能地去达到要求。有些学生可能不愿意接受教师的教育，但他们却不能反驳同学的建议，否则便会成为众矢之的。

再次，德育功能表现为培养学生的集体意识和团结合作的精神。校园文化是以学校为单位的，学校是一个集体，因此，要求学生要注重学校的集体形象，正确地处理好集体利益和个人利益的关系，坚持集体主义原则，注重彼此间的相互协作，不然就会受到来自集体的人际压力。不论是自身发展的需要还是外部环境的压力，都要求学生要正确地处理好集体和个人的关系，牢固树立集体意识和团结协作的精神。反过来，一个团结友好的集体也会使学生感受到集体的温暖，深刻意识到集体力量的强大，从而树立起集体主义的思想和观念。

最后，德育功能表现为培养学生的健康个性和健康心理。青年大学生都追求多姿多彩的精神生活，并且每个人的业余爱好是不同的。校园文化的内容是丰富多彩的，这就满足了学生精神需求的多样化和个性化，避免了单一化的倾向，同时也有助于那些个性突出的学生找到适合自身的精神生活，并在其中看到自己的价值，激发他们的主动性和积极性，树立一个积极健康的自我形象。当代青年大学生的适应能力较差，多姿多彩的校园文化有利于培养学生的心理适应能力。学生在优美的校园环境下，能够放松心情，有利于增强他们的进取心。此外，丰富多彩的校园文化活动可以扩大学生的交际圈，从而帮助那些孤僻内向的学生打开心窗，找到知心朋友。另外，学生沉浸在欢乐的校园文化活动中，可以忘却那些不愉快的事情，从而帮助学生形成健康的心理。

（三）美育功能

爱美之心人皆有之。青年大学生追求美，但由于他们所处的特殊阶段，各方面还不是很成熟，在对待美、追求美的过程中存在一定的误区，有些学生盲目地追求美，却不善于辨别美，有的甚至以丑为美。还有一部分人只崇尚外表美，而忽视了内在心灵美，仅仅认为外表的漂亮就是所谓的美，却不了解美的广泛而又深刻的内涵。良好积极的校园文化能够培养学生正确的审美观，提升他们创造美和审美的能力。此外，环境美也可以升华为一种情感美。优美的校园环境可以诱导学生追求美、创造美。通过多种多样的审美活动，学生能够意识到美是社会实践的产物，劳动创造美，能够深刻地体会到心灵美、环境美等的深层含义，从而自觉地纠正自己对美的理解，规范自己追求美的行为，真正做到追求美、创造美。

（四）实践功能

随着我国分配制度、就业制度等多项制度改革的不断深入，大学生面临的挑战和考验也与日俱增。所以，青年大学生要想让自己在市场竞争中占有一席之地，就必须要树立强烈的竞争意识，增强自身的竞争实力。校园文化可以通过各种活动，帮助学生树立竞争意识和参与意识，增强他们的竞争意识，使青年学生在争创活动中锻炼自己，提升自己的综合竞争力。市场是开放的，整个社会也是开放的，这就对人们的社交能力的要求越来越高。当今社会独生子女居多，他们大多数娇生惯养，有的甚至不愿意主动与人交往，产生一种闭塞心理。学校是培养学生交际能力的主要阵地。校园文化通过组织丰富多彩的活动，为学生提供广泛的交际场所，有利于帮助青年学生建立和谐的人际关系，扩大他们的交际圈，提高学生交际的信心，从而提高他们的交际能力。学生在校园文化实现育人功能这一过程中，既是主力军，又是行为主体，是校园文化活动的组织者和参与者。多姿多彩的校园文化活动可以激发学生的兴趣、特长和创新能力，有利于磨炼他们的意志，提升他们的组织管理能力，增强他们的合作精神和协作意识，为今后走向社会奠定坚实的基础。

二、校园文化育人功能的理论基础

（一）中国古代文化环境观的论述举要

中国古代文化环境观认为，后天环境在很大程度上决定了人的发展。孔子曾在《论语》中提出，“性相近，习相远也。”朱熹曾指出，“此所谓性，兼气质而言者也，气质之性，固有美恶之不同矣。然以其初而言，则皆不甚相远也。但习于善则善，习于恶则恶，于是始相远耳。”这段话是指后天环境和后天教育的差异决定了人的性情、气质、性格和德行相差很多，但其实他们本来是相似的，这就说明了人与人之间之所以有很大的差别，是因为后天环境的不同。而教育等所谓后天习得的都可归为环境因素。基于此，孔子提出了著名的“有教无类”思想，并且置身于人类的教育事业中。除此之外，现代科学也已经充分证明了一个事实，即不光先天因素与一个人的发展有着密切关系，后天的环境和教育更决定了其发展。

中国古代文化环境观尤其强调生活环境对人的发展的重要作用。孔子曾指出自然环境与社会环境对人的发展的作用。孟子提到了“近朱者赤，近墨者黑”这一观点，荀子也曾经说过“蓬生麻中，不扶自直；白沙在泥，与之俱黑”，这些观点都充分说明了社会环境对人的塑造。

中国古代文化环境观强调人际交往环境对人的成长和发展的影响。这一点孔子在《论语》中的表述体现得非常直观，“益者三友，损者三友。友直、友谅、友多闻，益矣。友便辟、友善柔、友便佞，损矣。”孔子在这里主要强调道德品质方面对人的发展的影响，他认为为人正直的、诚信的、知识广博的朋友有益于一个人的健康发展，反之，那些阿谀奉承、夸夸其谈的朋友是有损一个人的健康发展的，有的甚至会使人误入歧途。孔子的这种对教育环境中人际交往环境的重视可以通过其交友观念充分地体现出来。

总而言之，纵观我国古代的文化环境观，我们不难看到，中国古代的先哲们都特别强调人文环境、教育环境等对个体成长发展的重要作用，赋予人文环境和教育环境极为重大的意义。在他们看来，同遗传天赋相比，环境对一个人的成长发展起着第一位的作用。我国古代朴素的文化环境观对于我们今天更深入地研究文化环境的育人功能有着极为重要的借鉴意义。

（二）国外教育家们对校园文化环境的论述举要

美国著名的哲学家杜威，曾在其实用主义哲学的理论基础上提出了学术界著名的道德教育论。其中的“三位一体”理论对我们进一步研究校园文化环境的育人功能有着极为重要的借鉴意义。他指出：“学校中的每一门学科、每一种教学方法，及每一个偶发性的事件都可能有助于培养学生的道德。”换句话说，学校道德教育的“三位一体”就是指彼此紧密联系的学校生活、教材和教学方法，其中的“生活”当然是与校园文化环境联系更加密切的。杜威还特别说明，学校生活是“雏形的、典型的社会生活”，学校的校内环境和校外环境某种程度上是彼此衔接的，而学校也应该为学生提供更多的参与社会实践的机会，不能总是单纯地说教和空洞的理论灌输。除此之外，他还指出：“校园环境对个体发展的影响主要通过三个方面体现出来，即语言习惯、仪表和美的欣赏与感受，这些都集中反映出杜威对校园文化环境建设的重视程度。”

苏联著名教育家瓦·阿·苏霍姆林斯基也同样特别重视校园环境的建设。他把校园环境划分为物质环境和文化环境。物质环境是整个教育过程的物质基础和前提，是完整教育过程必不可少的条件，是培养学生正确观念、坚定信念和良好行为方式的有效途径和手段。他强调要改善校园环境，并且亲力亲为，亲自带领学生们栽花种树，从而使他们能够在辛勤的劳动中感受创造的乐趣，同时还培养了他们良好的环境道德，帮助他们树立高度的环境保护意识，使他们更加热爱母校，热爱大自然，热爱伟大的祖国。此外，苏霍姆林斯基还高度重视文化环境的建设。他对校园文化环境的研究深入细微，并力图使校园的每个环节、每个角落、每方寸土都蕴含某种特定的教育意义，走进校园就会感受到一种强大的精神力量。

以上所述两个例子足以表明国外教育家们都非常重视校园文化环境的建设。他们认为，对于个体的成长和发展，校园文化环境有着其他任何事物都无法替代的重要作用，它是“教育过程中最微妙的领域之一”。国外教育家们的这些“真知灼见”为我们进一步研究校园文化环境的育人功能提供了重要的借鉴。

第三节　高校校园文化与育人现状

一、当前高校校园文化实现育人功能所取得的成效

2004年8月，中共中央颁发了《关于进一步加强和改进大学生文化教育的意见》；同年12月，教育部又颁布了《关于加强和改进高等学校校园文化建设的意见》，这些都说明了我国已经高度重视高校的校园文化建设，将其上升到教育发展战略的高度，标志着我国高校校园文化建设已进入到一个全面深入的发展阶段。高校深入贯彻落实国家的教育方针政策，在高校校园文化的育人功能方面取得了一些成效，具体如下：

（一）物质文化建设日渐完备

高校校园物质文化是一种物化的文化形态，是学校各项物质条件的总和，具体包括教学场所、生活场所、活动场所、教学设施等。它是有形的、看得见摸得着的，是其他校园文化形态存在和发展的物质基础。同时，校园物质文化又是校园精神文化的载体，是富有丰富内涵的人文环境。在校园文化的育人中，物质文化建设不但是其顺利进行的前提和条件，而且是校园文化育人的重要途径和载体。校园物质文化建设状况的好坏一定程度上影响着整个校园文化育人的质量和水平。我国各届政府历来强调重视经济的发展，改革开放以来，我国经济发展水平有了很大的提高，随着党的十八大的胜利召开，更是进一步强化了经济建设的重要战略地位。而且随着我国经济的快速发展，我国大多数高校也有了很大程度的发展，在物质环境上不断加大投入，逐渐摆脱了过去简陋的教育环境，有了一套符合自己的整体规划，再加上已有的自然环境和设施条件，合理构思，精心设

计，使人与自然、建筑达到一种和谐交融的状态，同时，我国大部分高校都很重视基础设施的建设，这样，高校的硬件设施都相对比较完备，比如学校的教学楼、图书馆、宿舍、食堂和行政办公楼等，都达到了比较先进的水平。有的高校还积极投入建设新校区，或者专门进行校园景观建设。与此同时，我国高校在信息化、数字化建设方面的投入也是相当可观的，兴建了许多多媒体教室，方便广大师生的学习。此外，我国高校的校园绿化面积也具有一定的规模，改善了校园环境，为全体师生教职员工提供了一个温馨舒适的生活环境，并且用这种环境文化所蕴含的精神魅力陶冶人们的情操。笔者走访了我国很多高校，发现我国大部分高校的物质文化环境建设都很到位，都能满足正常的教学活动需要，高楼林立、绿树成荫，有的更是像花园一样美丽。

（二）精神文化建设日渐完善

当前，我国校园精神文化的现状整体是好的。首先，大学里全体师生员工的思想观念、价值理念、行为准则、生活态度等多方面都无时无刻不受校园文化的熏陶和感染。校园精神文化是高校校园文化的重要组成部分，影响和熏陶着每一个校园人。校园精神不是一朝一夕形成的，是经过数代人的教育教学实践积淀而成的，它渗透在学校的方方面面，是所有校园人的精神动力。比如学校的校训，就充分体现了一所高校的校园精神，同时也体现了一所高校的办学特色和发展方向。其次，高等院校和中等教育院校的重要区别就是高校的学术文化。高校的学术文化关系着一所高校的声誉，关系着高校的生存和发展。学术文化包含教学和科研两个方面，这两者对高校的发展是同等重要的，缺一不可。教学是对知识的传递，科研是知识的创新，二者都体现了高校的价值。再次，校园文化要通过学校开展多姿多彩的文体活动来实现。广大校园人积极参与文体活动，能够满足其多方面的文化需求和精神需求。开展文体活动有利于激发广大师生的学校兴趣，培养他们良好的思想品德，帮助其塑造健康的人格。目前我国大部分高校都积极开展各种校园文体活动，并且在一定程度上起到了积极的作用。

（三）制度文化日渐规范

一套合理规范的大学制度对一所高校的发展起着至关重要的作用。当前，我国大多数高校都意识到这一点，不但重视多种多样的校园文化活动的开展，而且也非常重视学校的各项规章制度的建立，并且使之日趋完善。制度文化是一种深层次的文化，是为了满足人们更深层次的需要，也就是由人们的交往所产生的合理处理人与人、人与群体之间关系的需要。现今，我国很多高校在制度文化建设方面都取得了长足的发展，日趋完善，日趋规范。用规章制度规范人们的行为，很大程度上减少了个人的随意性行为，规范了学校的秩序，有利于形成积极健康的校风、学风和教风，从而有利于学校办学目标的实现和学校长远的发展。有的高校甚至在规章制度的条文中凸显价值理念、思想道德、素质要求等精神文化方面的条款，这样就赋予制度以灵魂，更加强调人的价值理念、理想追求以及为人处世的准则。这种把软文化和硬制度有机地结合起来，使精神要求和具体规定融为一体，铸造出刚柔并济的规章制度，使其一方面起到规范强制作用，一方面起到激励作用。全体师生员工在执行制度、规范自己行为的同时，也能寻找自我，实现自我价值。我国很多高校，比如清华大学、四川大学、上海交通大学、北京航空航天大学等都专门制定了校园制度文化的发展规划，并且将其列为校园长期发展战略中，这样就从指导思想、主要内容和目标、实现路径等方面做了具体规定。总体来说，我国高校的校园制度文化日渐规范。

（四）行为文化建设日渐成熟

校园行为文化集中反映了一所高校的精神风貌、校风、学风、教风、办学理念以及大学精神。当前，我国大多数高校都非常重视校园行为文化的建设，特别是注重加强对高校全体成员的行为进行规范。同时，各大高校也积极开展多种校园文体活动来进一步加强学校行为准则及法律道德规范的宣传和教育力度，从而有助于高校全体成员的校园行为规范化、法律化、道德化。当前，我国各大高校的行为文化总体上表现是好的，校风、学风、教风等也都是积极向上的。

（五）社团文化日渐得到重视

高校的社团组织是该校的大学生在该校党委的领导下和团组织的引导下，以其共同的兴趣爱好和特长为基础，为了共同的奋斗目标和理想追求，经学校有关部门的同意，并且通过一定的程序建立起来的学生团体。高校的社团文化，是青年学生社团在长期的实践活动中所积累的精神财富、文化氛围以及活动载体等，是物质财富和精神财富的总和，它包含社团形象、价值理念、社团精神、社团活动以及品牌文化产品等多个方面。社团文化是高校校园文化的非常重要的载体，有利于丰富大学生的第二课堂，增长他们的知识，培养青年学生的实践活动能力，拓宽他们的视野。目前，国内高校的很多社团活动都得到了相关部门的认可和重视，很大程度上取得了发展。并且随着高校的不断扩招，不同形式、不同种类的社团也相继建立，社团活动也越来越丰富，社团规模也越来越大，较之以前其活动形式也愈加成熟。

（六）网络文化日益得到强化

网络文化有着其独特的优势，它的出现迅速超越了其他形式的文化。近年来，我国大多数高校都非常重视网络文化的建设，各个高校的网络文化建设工作因此不断加强，很多高校甚至一手抓建设，一手抓管理，建设和管理工作两不误，二者都得到了明显的进步。自 1995 年我国开始提供互联网的接入服务以来，我国网民的数量有了明显的增加，而一多半以上的青年大学生也已经成为网络的常用户。此外，在网络文化的管理体制上，我国很多高校都已建立了相关部门分工协作的管理体制。一般情况下，在彼此相互配合的基础上，学校党委宣传部负责校园主网站的建设与维护、网上舆论的分析引导和信息监督监控等工作，同时还要对各个二级网站的内容进行监督、监控、管理和引导。学校的网络管理中心负责建设和维护校园网络与信息技术平台，从而保证校园网络的安全平稳运行，同时还要对二级域名资源进行统一的分配和管理。学校设备处、后勤服务、资产管理处主要负责硬件设备的购置。学校内的各个部门遵循“谁主管、谁负责”的原则，对学校网络进行日常监控和管理。有的高校还建立了教务管理系统、研究生综合管理系统和校长信箱系统等，将与学校公共管理事务有关的内容集中放置于一个网络管理系统之中，形成一个人人都可以平等参与的互动网络平台，这样，全体师生员工甚至社会各界人士都可以同学校的管理者就有关校务问题进行直接的沟通和交流，有利于学校参考多方意见，进行民主的、科学的管理。网络文化建设日益加强。

综上所述，校园文化在实现其育人功能的过程中取得了巨大的成就，经历了一个不断探索、不断创新、不断深化的发展历程。这些成效对于高校进一步地改善教育环境、创新教育方式、提高青年大学生的素质等有着十分重大的意义，从而更好地促进我国高等教育的良性发展。我们应该紧随时代的步伐，正确认识并且遵循校园文化的育人规律，通过高校校园文化建设，全面促进我国教育事业的良性发展。

二、当前高校校园文化在实现其育人功能过程中所出现的问题

虽然在当前历史阶段，我国高校的校园文化在育人方面取得了巨大的成就，

但仍然存在着一些问题，具体阐述如下：

（一）物质文化建设对于高校校园文化的育人功能有着极其重要的意义

当前一部分高校并未真正意识到这一点。这些高校的物质环境建设相对比较薄弱，功能分区不科学，以物化文不充分，风格设计不统一，历史积淀不完整，如此等，不一而足。有的高校在硬件设施上甚至不完备，缺乏一些必要的活动场所，不能满足全体师生正常的活动需要。

（二）精神文化建设还不乏存在着一些问题与不足

众所周知，一所高校的真正魅力在于其精神内涵和精神文化，而不仅仅限于其外在的物质文化环境。当前，我国高校的精神文化建设还不乏存在着一些问题与不足。

1.有少数高校在进行校园文化建设的过程中忽视精神文化层面，而一味地追求物质环境建设，导致精神文化的偏失。

2.当前一些高校的学术氛围不佳，频频出现学术造假、学术腐败的现象，这都极大地败坏了高校乃至整个社会的学术风气，并且少数高校对学术文化的重视也不够。此外，有些高校对学术人才的引进和培养也存在一些问题，学术管理也不够科学化、系统化。

3.我国高等院校对文体活动开展的重视程度不尽相同，有的高校能够做到积极地开展校园文体活动，但活动内容单一，形式也很单一，致使学生不感兴趣；有的高校未能有效地进行管理，达不到预期理想的效果；还有的高校甚至干脆忽视校园文体活动的开展，单纯强调学习和考研率。

4.校园文化的育人功能，育的主要是人们的思想和精神，教的主要是做人的原则和道理。当前有一部分高校持有的教育理念存在偏差，比如说为了更好地就业而教育等，这些教育理念蒙上了极为浓厚的功利主义色彩，这是令人堪忧的，必须引起我们高度的重视和警觉，从而使我们的校园文化真正发挥其育人功能，使我们的高校教育回归其本位。

（三）我国少数高校的规章制度还不够健全

首先，随着我国对文化建设提出了新的要求，而一些高校的规章制度已经落后，未能与时俱进，紧随时代的步伐，这些高校应当在规章制度上做出相应的调整和完善，以此来顺应时代发展的要求。其次，学校的规章制度和道德规范能够有效地约束师生行为，但当前部分高校出现二者不平衡的现象，有的重视制度约束却忽视了道德培养，有的重视道德培养却忽视了制度建设。再次，建立健全校园文化育人功能的长效机制具有战略性、全局性、前瞻性的重大意义，是我们真正做好校园文化育人功能工作的根本保证。然而，当前很多高校都存在着校园文化育人机制不健全的问题，未能建立健全一种长效的育人机制，这个问题具有普遍性。

（四）文化建设方面问题

当前，我国有少数高校的行为文化建设也存在着一些问题。例如，部分高校的校风、学风以及教风充斥着商业化和功利化的色彩，也有极个别青年学子由于受到社会不良诱惑的影响或利益的驱使铤而走险，最终走上违法犯罪的道路。

（五）育人系统性

高校的校园文化建设是一个系统而全面的工程，其育人功能也应该是系统的、整体的，而不是零散的。高校的校园文化教育应该有一个统一的领导、统一的规划、统一的组织和统一的设计，分阶段实施，分步骤落实，一步一步地向前推进。

然而，当前很多高校的校园文化育人工作以及一切育人活动都给人一种走一步看一步的感觉，缺乏系统性和全面规划性，比较零散奚落，存在着相互脱节的现象。其中包括物质文化、精神文化和制度文化在结构方面的脱节，教育教学活动、科研活动和课外活动彼此之间的脱节。有的高校过分重视校园的基础设施建设，却忽略了培育青年学生大学精神的内在塑造；有的高校单方面重视科研活动，却忽视了基本教育教学活动的重大意义；有的高校单纯地注重对大学精神的塑造与弘扬，却忽视了建立相应的规章制度来作为保障；还有的高校单方面地注重对学生的教育和管理，却忽视了在教育教学、规章制度和管理上形成一个整体的氛围和架构，导致学生对校园文化难以达成共识，收效甚微。这些都势必会导致校园文化育人功能发挥的有效性和针对性不强。

（六）高校校园文化活动的品牌特色不够鲜明

一所高校的校园文化活动的品牌特色充分展现了该校校园文化发展的个性和特色。由于各个高校的创办背景、学科设置的不同，以及师资队伍和学生来源的构成不同，各个高校的办学定位、发展定位、目标定位以及其基本的价值理念、思想道德信念、行为准则上体现出不同的个性，形成高校校园文化个性特色的一面，这就为高校校园文化活动的品牌特色的建立提供了丰富的内涵。但当前很多高校在打造整体效应的高校校园文化活动的品牌特色时，还缺乏相应的手段，往往是以文艺晚会、学术讲座、知识竞赛以及联谊活动等形式来实现校园文化活动的繁荣，这是远远不够的，必然会导致高校校园文化活动过于表面化，缺少深度，缺乏品牌特色。

（七）高校校园文化的育人功能对青年学生的创造力激发不够

在我国的传统教育中，历来都是以传授知识为重点，不论是知识的教育还是思想道德的教育，都是单纯的以灌输方式为主，而忽视了学生创造力的激发。我国现今的教育仍然是以这种模式为主。这个尤其体现在我国当前的研究生教育中，很多在欧美留学的中国高材生，在校成绩十分优异出众，但在科研方面的发明能力和创新能力与国外学生相差甚远。我国高校的校园文化的育人应该创造更多的机会来激发青年学生们的创造力，培养他们的创新精神。

（八）校园文化受多元文化冲击的影响

文化同经济政治是密切相关的。当今世界，经济全球化、科技现代化、文化多元化的趋势愈加明显，高校校园文化难免会受到多元文化的冲击和影响，给大学生文化价值取向的选择增加了复杂性。首先，校园文化受到大众传媒文化的影响。大众传媒文化的娱乐性、消遣性、流动性和多样性较强，这些都对青年学生的思想观念和行为方式产生一定程度的影响。其次，校园文化受外来西方文化的冲击。经济全球化使得各国的文化交流进一步加强，愈来愈多的外来西方文化陆续涌入中国，这一方面为青年学生提供了很好的借鉴优秀外来文化的机会，但与此同时，也为低俗腐朽文化造就了可乘之机，大学生的主流价值观受到严重冲击。最后，网络文化的影响越来越明显。在数字化、信息化的今天，现代信息技术快速发展，网络文化也作为一种特殊的文化现象开始出现，它传播快，辐射范围广，能够给青年学生带来大量的信息，但也不免夹杂着一些消极的不良内容。总而言之，校园的主流文化受到多种文化的冲击和影响。

第四节　新时期加强校园文化育人策略

一、新时期高校校园文化实现育人功能应该遵循的原则

高校校园文化是全体师生及教职员工在长期的办学实践活动中创造的所有物质财富和精神财富的总和。高校校园文化涵盖了各个领域，包括校园物质文化、精神文化、制度文化和行为文化等多个方面。积极健康的高校校园文化，能够营造出良好的育人氛围，形成有效的环境激励机制，有利于促进青年学生的全面发展和综合素质的提高。高校校园文化的育人工作是一项长期而又系统的工程，具有多层次、全方位、多视角等特点，要想发挥好高校校园文化的育人功能，必须遵循以下基本原则：

（一）普遍性和特殊性相统一的原则

每一所高校所处的地域环境都不同，其发展的历史文化背景也不尽相同，因此，每一所高校的校园文化环境建设的整体规划和具体内容都有其自身的特殊性。但是每一所高校又都处于社会这个大背景下，是社会的育人之地，因此，各个高校必须遵循社会所要求的教育教学管理规律，以当今时代先进的和普遍的社会价值理念为指导，所以高校的校园文化环境建设又具有一定的普遍性。因此，高校的校园文化环境建设必须要遵循普遍性和特殊性相统一的原则，也就是共性和个性的和谐统一，具体表现为各个高校既要突出该校的地域特色、办学特色及学科特色等，同时又要把握好时代的主旋律，担负起时代共同的历史责任。

（二）主导性与主体性相统一的原则

在高校校园文化的育人过程中，高校内的全体青年学生是主体，而高校的全

体教职员工是主导者。因此，要将高校内的全体师生员工看作是高校的主人，真正把他们看作是高校校园文化育人的建设者和参与者。一方面，我们的教职员工要树立“以人为本”的教育理念，并且要充分尊重青年学生的主体地位，通过各种途径深入到学生中去了解他们的想法和切实需要，开展一些能够真正满足学生愿望和要求的校园文化活动，贴近他们的想法和生活实际，从而有利于充分调动学生参与活动的积极性，增强高校校园文化活动的感染力和号召力。

另一方面就是要充分调动和发挥青年学生参与校园文化活动的主体性、自主性和创造性。当然，这并不意味着我们对学生放手不管，而是要从更高层次特别是精神上竭尽所能地给予他们帮助和支持，教职员工要努力发挥好他们的指导作用，在思想认识、政治思想和专业技术等方面给予学生正确的引导，减少管理层次和决策方面的环节，对学生的创新精神和创造力要给予充分的肯定和支持，这样才能最大限度地发挥学生的主观能动性和聪明才智，培养他们独立运作的能力，真正落实“以人为本”的教育理念，实现学生的自我教育、自我管理、自我发展。

（三）全员参与、全方位构建的原则

高校的校园文化是一种群体性的文化，因此，要坚持服务于全体学生的原则，适当地弱化竞赛类活动，降低其难度和专业强度，适当地增加展示类、参与类活动的比例，构建一个全方位、多渠道、多层次的校园文化活动载体和平台，有效地增加活动的实效性，调动学生参与的积极性，扩大活动的辐射度和影响力，使大部分学生都能够在参与的过程中发现自我、锻炼自我和完善自我，真正达到一个全员参与的效果。此外，发挥好高校的校园文化育人功能是一个系统工程，应该做到软硬件相结合，以校园物质文化为前提和基础，校园精神文化为核心，制度文化作为保障，教育教学、科研活动、后勤服务与行政管理等多方面协调发展，相辅相成，形成良好的校风、学风和教风，真正达到一个全方位构建的效果，共

同完成好高校校园文化的育人工作。

（四）综合性评价原则

在评价学生参与高校校园文化的活动时，尽量避免用量化手段来对学生进行分等划类，我们可以通过增加设立单项奖数量的方式来对学生进行综合性的个性化评价。不仅如此，我们还要积极倡导学生用“自我参照”的标准来进行“自我反思性评价”，引导学生认识到参与过程本身以及实际的情感体验和自我发展程度的检验的重要性，使他们能够淡化单纯的比赛结果，并且用一种全面的、客观的和发展的眼光认识自我，从而帮助他们始终保持积极乐观的心态和积极参与校园文化活动的精神。

二、新时期高校校园文化实现育人功能的方式

（一）情感激发

高校校园文化是一种客观存在的文化，不会因为某个人的意志而浑然消失，因此，在多数情况下，置身于其中的校园个体通常会不自觉地、心甘情愿地去接受其所处环境的校园文化。所以，在做好高校校园文化育人工作的时候，我们应该更加注重构建易被激发情感的内容。校园文化内容所蕴含的情感越浓烈，其对校园个体的情感作用也越大。

（二）知识灌输

高校校园文化不仅是一种客观存在的文化，而且还是一种知识性的文化。众所周知，大学是知识汇集的地方，教师的学术水平、科研能力和知识水平都比较高，其见识一般也比较广博，而学生也深受这种大环境条件的影响。因此，高校的校园文化在知识含量和知识层次方面理应高于一般的社会文化。尤其在大学校

园里，有些一般层次的文化的知识底蕴不够深厚，学校的师生员工难以对其认可和支持，更不用说发挥其育人功能了。

（三）实践锻炼

我们这里所讲的实践锻炼，就是让青年学生积极参加高校的校园文化活动实践，积极投身于学校的校园文化环境建设中去，在参与实践中达到自我锻炼和自我教育。大学生群体是一个爱好广泛、见多识广、兴趣多种多样并且充满活力的群体组织，他们一般都蕴藏着极大的参与积极性。高校的校园文化涉及方方面面，高校的校园文化活动更是丰富多彩，此外，还包括一些校园环境的美化绿化活动、人文景观建设和科研学术活动等，所有的这些活动都应该积极地鼓励学生参加，使他们真正发挥出主体性的作用，及时学到新鲜知识，更好地掌握实践技能，锻炼实践能力，提高思想政治觉悟，升华精神境界，塑造健全的人格品质。

（四）榜样示范

高校里的榜样示范包含很多方面，比如学校领导和教师的为人师表，以及学生群体中的先进个人和优秀分子的示范。在学生眼里，所有的教师员工都是师长，他们尊敬爱戴每一位师长，因此，教师们的一言一行就像是“无形的手”，对学生进行无声的指导，学生们不但从教师那里学习科学文化知识，更重要的是学习为人处事的原则和做人的道理，因此对各位教师的人格品质提出了更高的要求。此外，学生群体中的榜样示范作用也是不容忽视的。这是一种特殊的教育机制，学生之间不像是师生或者干群之间的那种差别，每一个学生都处于完全平等的水平线上，而且他们的价值理念略同，这些都增加了学生之间相互引导和相互学习的可能性，而且学生彼此之间的感染力和影响力更大些，反应速度也更快。因此，我们应该很好地利用学生群体之间的这种特殊的教育传播机制，挖掘出学生中的先进典型和优秀分子，通过这些先进典型的榜样示范作用来影响和带动其他学生的进步，从而更好地达到育人功能的效果。综上所述，做好高校校园文化的育人工作是一项庞大的系统工程，需要采取多种方式、动用多种手段才能达到预期的理想效果，从而更好地发挥高校校园文化的育人功能。

三、新时期高校校园文化实现育人功能的方向和战略目标

（一）建设面向现代化、面向世界、面向未来的高校校园文化

“面向现代化、面向世界、面向未来”，要求高校校园文化环境建设要充分适应社会主义现代化建设的发展需要，为完成新时期教育教学改革任务而提供积极健康的文化大环境，要求我们以一种宽广博大的文化包容心态去积极学习西方国家乃至世界各国的优秀历史文化遗产，要求我们站在战略的高度去规划和发展高校的校园文化，从而使其适应整个未来社会的发展趋势。“三个面向”是我们制定高校校园文化发展战略的重要指导思想。

高校校园文化建设首先要面向现代化，由于我国的高等教育都不同程度地存在脱离经济建设和社会发展需求的现象，因此，高校的校园文化建设必须克服这一问题，要朝着有利于我国的经济建设和社会发展需要的方向发展，真正做到为我国的经济和科技现代化服务，促进人的现代化发展。我们所讲的现代化包含很多方面，不仅意味着高度的物质文明和经济技术的开发与繁荣，更意味着人们精神境界的提升。只有人现代化了，经济才能更好地达到现代化程度。而要想培养出适应社会主义现代化建设需要的各类专业型人才、并且提升整个国民素质，办好教育势在必行。由于高等教育承担着培养高级专业型人才，发展现代科学技术和促进社会主义现代化建设的重要责任和艰巨任务，因此，高校的校园文化应当做好促进人的现代化的工作，为实现人的现代化创造积极有利的文化环境，从而

使人们能够自觉地掌握现代科学文化知识，学会将知识运用于实践去解决实际问题，并且具有各种适应现代化建设需要的现代意识，比如竞争意识和参与意识等。此外，还能够使人们具有丰富的想象力和创造力、求知求真的理性精神和求善求美的人文精神以及乐观积极的人生观和价值观。

高校校园文化建设还要面向世界，也就是要使校园人都拥有一种包容的文化心态，以一种“融汇百川，兼容万物”的文化态度去学习西方国家乃至世界各国的优秀历史文化成果，并且为我所用。随着经济全球化趋势的不断加强和现代科学技术的飞速发展，当今世界已经变得越来越小，随之文化的交流、各类资源的传输以及人文的交流也愈加频繁。中国的高等教育要想实现现代化，就必须要面向世界，顺应时代潮流，坚持以我为主的原则和为我所用的时代精神，开展各种形式的对外文化交流在博彩各国优秀文化的同时还可以向世人展示我们中国特色的优秀历史文化。

最后，高校校园文化建设要面向未来，也就是要积极引导高校全体师生树立适应社会发展需要和时代发展潮流的未来意识，以及与之相应的知识、能力和综合素质，培养他们的时代洞察力和创造力，使他们具有远见卓识的思想。我国高等教育的一个重要目标就是为未来社会培养高素质的专业型人才，而高等教育培养出来的人才，不但要满足当今社会发展的需要，更要适应未来社会的可持续发展。这就客观上要求各高校转变教育理念，由传统的教育观念向现代化方向转变。长期以来，我国各高校一直秉承着“传道、授业、解惑”的传统教育理念，再加上过去我国实行的是统一的计划经济体制，因此，我国各高校难免注重强调传承文化和继承传统，客观上也反映了我国教育的实质。当然，它有其合理的一面，我们不能对其全盘否定，但它过分强调传承，重复过去的东西，缺少创造活力和超越精神，不能很好地满足社会发展和人的全面发展的需要。而如今，社会快速发展，与过去截然不同，现在不是过去的重复，而未来只会向前发展，更不会是现在的再现。因此，在社会愈加现代化的条件下，高校校园文化的育人工作应当面向未来，并且要与中国和整个世界的前景相联系，不断关注中国乃至世界各国各个领域尤其是文化教育领域的动态发展趋势，坚持创新精神和创造未来的精神，永葆创新的活力。高校校园文化只有面向未来并且不断地超越自我，才能拥有未来、把握未来、创造未来，成为形成未来社会的一个重要推动力，从而为我国的社会主义现代化建设培养出更多出类拔萃的人才。

（二）建设民族的、科学的、大众的高校校园文化

高校校园文化首先必须是民族的，就是指高校要进行中国传统历史文化的教育，培养高校全体师生的以爱国主义为核心的民族精神。民族精神是一个民族赖以生存和发展的内在精神支柱，它有利于帮助人们塑造民族品格和增强民族凝聚力。我国的传统历史文化蕴涵着强大的中华民族精神，是我们整个中华民族生生不息的精神动力。中国传统历史文化内涵十分丰富，涉及很多复杂的方面，比如说克己为人的风尚、自强不息的精神、艰苦奋斗的作风、实事求是的态度、和而不同的意识以及天下为公的理想等，其中最值得我们珍惜和关注的就是崇尚民族独立、维护国家统一的爱国主义精神。在曾经一度的文化热中，曾出现过对中华民族传统文化进行全盘否定的现象以及淡化民族精神的思潮，这必然会削弱我国的民族凝聚力和民族向心力，致使中华民族道德出现滑坡。因此 ，在进行社会主义文化建设时，一定要根植于具有优秀历史文化传统的民族文化之中，与此同时，高校校园文化环境的建设以及其育人功能的发挥也必须根植于民族文化之中。高校校园文化还必须是科学的，就是指高校校园文化要以追求知识、崇尚科学为宗旨，积极培育学生理性精神和人文精神的统一以及真善美相协调的时代科学精神，并努力使之成为全体师生所追求的大学精神。高校是科学文化传承和发展的圣地，

对科学文化进行传承和创造是全体师生共同的行为方式。青年学生纷纷迈入高等学府多数是基于成才的目的，探求真理、追求知识、崇尚科学是他们共同的兴趣目标。高校的校园文化环境建设要想拥有蓬勃发展的不竭动力，就必须本着追求知识和探求真理的宗旨，以学习成才为主题，积极开展学术科研活动，努力创造学术科研氛围，从而提高全体师生的科学意识。在育人工作的实际操作中，可以引导学生将科技活动与自己的专业学习有机结合起来，对于学生自发组织的科技社团和科技小组要给予大力的鼓励和支持，并努力使其成为课余科技活动的支柱。与此同时，对于教师们进行科研活动要给予大力的资金以及硬件设施等的支持，将科研水平作为教师晋升晋级的一个必要条件，这有利于创造更好的学术文化氛围。

高校校园文化还应该是大众的，主要包括两个方面的含义，一方面主要是指全体师生员工是高校校园文化建设的主体，也是高校校园文化育人工作的主要参与者；另一方面主要是指高校的校园文化建设应当面向大众，面向社会。本着为人民服务的宗旨，充分发挥其对社会文化的示范作用。青年学生是教育过程的主体，这个主体地位以及现代社会对公民素质的整体要求决定了大学生是高校校园文化建设和育人工作的主体。当前，很多高校都将主体教育思想运用于教育教学改革当中，而主体教育思想的核心就是把教育教学过程变成学生主动探索和创造的过程。这种主流教育思想顺应时代发展的潮流，也顺应了我国社会主义市场经济的发展趋势。社会主义市场经济体制要求全体公民都要成为自己的主人，对自己负责，人人都是主宰自己命运的主体。而缺乏这种主体意识的公民，终将会在激烈的市场竞争中被淘汰。当然，在高校校园文化的长期熏陶下，大部分学生的主体意识和自我意识都有所增强，在各项校园文化活动中展现出自己的个性，表现出积极的创造性和主动性。但是，我们也应该看到当前校园文化存在的一些复杂问题，比如传统民族文化与西方外来文化的正面交锋、传统文化同现代文化的碰撞以及市场经济同道德建设的矛盾等。青年学生由于缺乏经验、涉世未深，在面对这些复杂问题的时候，往往容易冲动、容易盲从，不能找到正确的解决方式，这就必须要有教师的正确引导。高校的教师综合素质都很高，他们拥有高尚的品德、广博的学识、深厚的文化底蕴、强烈的社会责任感、爱岗敬业的精神、脚踏实地的工作作风以及文明的言行举止等，这些都能给予学生积极正确的引导，对于学生知识的学习、人格的塑造、价值观的形成以及综合素质的提高有着极其重要的作用。因此，我们也要充分尊重和发挥教师在校园文化建设中的主体作用，尊重其主体地位，最大限度地调动他们的创造性和主动性，从而确保高校校园文化朝着积极健康的方向发展。

（三）建设社会主义的高校校园文化，充分体现社会主义核心价值体系

社会主义社会要想得到全面发展和全面进步，就必须拥有先进的社会主义文化，充分尊重人的主体地位。高校是社会主义文化建设的重要阵地，同时也是我国进行精神文明建设的主要阵地，因此，高校校园文化应当深入开展各种社会主义核心价值体系的学习教育活动，用中国特色社会主义理论体系武装全体师生的头脑，积极培育他们的社会主义核心价值观。 首先，在高校校园文化环境建设和育人工作中，应当在指导思想上始终坚持一元化，并且鼓励和提倡文化内容和形式上的多样性，大力弘扬和宣传社会主义的主流文化意识形态，用马克思主义引领高校全体师生的思想文化。近年来，由于西方外来文化的不断涌入以及受西方资产阶级自由化思想的影响，马克思主义“过时论”在高校校园风靡一时，占有一席之地，为此，一部分青年学生对马克思主义和社会主义信仰产生了质疑，有的甚至动摇了社会主义信念，还有一部分学生对马克思主义理论课产生抵触甚至敌对情绪，频频出现迟到、旷课、逃课和不专心听课的现象。这就要求我们要坚

持正面宣传的方针，把握好正确的舆论方向，加强新形势下的思想观念教育，在全体师生员工中牢固树立中国特色社会主义共同理想。

其次，引进一些高雅文化进驻高校校园，提升整个大学校园的文化品位。近年来，很多非马克思主义的东西及一些错误观点通过多种途径传播到学校，有的通过图书、网络，还有的通过一些报刊、音像资料及一些学生讲坛等。这些不良东西对全体师生的思想产生了极大的消极影响。据调查显示，当前青年学生的大部分业余时间都用来上网，而大部分在网上的实践主要用来交友聊天，有的甚至观看一些不健康的内容，比如黄色影片和图片等。还有一些社团组织的学术讲坛，名义上是为了学术交流，实质上是为了传播自由化思潮，例如某大学的一位教师在作题为“中国传统文化的现代化”的学术讲座中，全盘批判和否定了我们的传统历史文化，反而大力赞扬西方外来文化，这给学生造成了极为严重的不良影响。因此，我们必须要牢固树立阵地意识，坚决制止各种消极思想和腐朽文化对我们高校校园文化的入侵。与此同时，还要加强学校社团组织的规范和管理，引导各个社团组织朝着积极健康的方向发展，规范学校的各种学生论坛，建立健全各项审批审查制度，引导校内的各类讲座端正思想、充实学术内容，使其具有强大的吸引力和说服力，并对这些讲座有计划、有组织地进行安排，使这些积极健康的学生讲坛和论坛在高校内占有一席之地。

最后，还要不断地进行理论创新和文化创新。高校理所应当地应该担负起文化创新的历史重任，为促进我国经济社会的全面进步而培养各类创新性人才、创造出新的知识。然而，由于传统文化长期积淀在人们的心灵深处，并且其保守性对人们有着潜移默化的影响，加之应试教育僵化了人们的思想，致使当今高校校园缺乏文化创新的气息，难以形成创新的校园氛围，大多数师生不会积极主动地去创造新型文化，他们仍然习惯于接受并且继承传统文化，因此，我们要有针对性地通过高校校园文化建设及其育人工作，在高校校园里努力营造适合创新、鼓励创新和支持创新的文化氛围。

总而言之，在新时期，我们要迎接各种挑战，树立新的战略目标和方向，树立新的战略思想，建设面向现代化、面向世界、面向未来的，民族的科学的大众的社会主义高校新型文化。

第五章　新时代高校文化育人功能发挥

第一节　文化育人功能发挥基本问题

一、高校校园文化育人功能的表现形式

高校校园文化在育人实践中发挥着何种功能，具体怎样发挥作用，是研究高校校园文化育人功能发挥的一个基本理论问题。在育人实践中，高校校园文化能够通过价值导向、环境熏陶、正向激励、制度约束等功能帮助大学生确立正确的价值观，促进其思想观念、道德品质、文化涵养等综合素质的提升。

（一）导向功能

文化的核心是价值观，高校校园文化能够以其内在的价值体系去引导大学生树立正确的价值观念，这是高校校园文化最深层的育人力量，也是高校校园文化育人的最高追求。作为中国特色社会主义先进文化的组成部分，高校校园文化要坚持以先进的文化育人，承担着以先进文化所包含的价值体系去引导大学生的价值观念形成的职责。高校校园文化的价值导向功能，主要体现在高校校园文化能够以先进文化的内在规定性，引导大学生形成坚定正确的政治态度与政治立场，培养大学生科学的世界观与人生观，树立共产主义远大理想。高校校园文化的价值导向功能源于高等教育坚定社会主义办学方向的要求，也是由影响高校校园文化形成的社会文化环境决定的。中国特色社会主义文化能够为高校校园文化育人提供丰厚的文化沃土，高校能够通过开展以中华优秀传统文化、革命文化和社会主义先进文化为底蕴的主题文化活动，将广大师生引导到高校校园文化追求的价

值取向上。新形势下，高校应该注重发挥社会主义核心价值观的教育导向作用，帮助广大师生树立起符合时代要求的价值观念体系。

（二）熏陶功能

高校能够借助丰富多彩的文化活动来传播人文知识，塑造人文情怀，渗透人文精神，推动人文素质教育，为大学生的健康成长营造关怀关爱的文化环境，以环境熏陶感染的作用方式影响大学生的成长发展。文化对人的影响是具有潜隐性、渐进性等特征，是利用文化的柔性力量触动大学生的心灵世界，从而影响其观念形成。高校校园文化环境具有可塑性，教育者可以营造积极健康的高校校园文化环境，通过文化环境所展现出的文化氛围对大学生的思想观念、道德观点产生潜移默化的影响，实现“入芝兰之室久而自芳”的效果。对于教育者来说，将校训、办学宗旨、价值观念等内隐要素融入校园文化环境，可以使长期包围在这一环境中的大学生随时得到熏陶感染，在不知不觉中提升大学生的文化素养。

（三）激励功能

高校校园文化是一种群体文化，能够利用群体文化的特有力量，激励个体向群体期望的目标行动。用心理学的话语来解释，由高校师生员工组成了一定的群体，高校校园文化则是由这一群体所产生的。大学生在这样的群体中，总会希望能够得到他人的认可与尊重。这种期待与需要会形成内在的动力，驱使行为主体为满足需要而向群体共同认可的价值观念与行为方式上靠拢。高校校园文化的激励功能在育人实践中能够激发大学生提升自身精神文化素养的内在需求与动力，使大学生在这种精神驱动力的影响下调整自身的思想与行为，不断朝着高校校园文化所期待的方向努力。高校校园文化通过发挥激励功能，不断强化并满足大学生接受文化熏陶感染的内在需要，提升大学生在高校校园文化育人功能发挥中的主体能动性。高校校园文化作为一种文化存在，它所给予大学生的主要是精神层面的激励。在高校校园文化育人实践中，教育者可以通过高校校园文化的激励功能强化大学生的学习动机，满足他们的高层次心理需要，从而激发大学生的主体能动性。高校校园文化激励功能的发挥，关键是要在社会期待与师生需要之间保持张力，取得平衡，积极引导师生追求尊重与自我实现的高层次精神需要。

（四）约束功能

约束功能主要是指高校校园文化能够通过一定的制度文化和道德评价标准，对高校师生产生实际生活中的或者心理上的压力，使其迫于这种外界施加的压力，转变自身的言行，使其符合高校校园文化的要求。这种约束功能主要表现在两个方面：一方面，高校校园文化可以利用相关法律法规和内部制定的各种有关于教育、管理、服务的规章制度，对大学生的言行进行管理和约束，对违反要求的行为主体进行惩处，来实现其约束功能，这是一种“硬”约束；另一方面，高校校园文化还表现为一种“软”约束，高校校园文化育人之所以具有柔性的力量，也根源于此。高校校园文化具有复杂的内部结构，包含多元的育人元素，办学理念、行为规范、价值追求、舆论氛围等内在构成部分，能够形成内在的、无形的约束力量。

二、新时代高校校园文化育人功能发挥的价值取向

十九大报告指出：“中国特色社会主义进入了新时代，这是我国发展新的历史方位。”从根本上来说，这也是文化育人与高校文化教育工作新的历史方位。在新时代，文化育人的思想内涵更加丰富，文化强国战略的实施为高校校园文化育人功能发挥创造了良好的外部机遇，加上高校人文素质教育的开展以及大学生自身精神文化需求的内在动力驱使，高校在人才培养过程中越来越重视校园文化

的育人功能。

高校校园文化育人功能是由高校校园文化系统内部要素相互作用产生的，它具有客观性。而高校校园文化育人功能发挥是一个应用性的实践命题，它主要研究如何在高校庞大的人才培养体系中，更好地利用高校校园文化这一渠道，促进大学生综合素质提升，从而更好地为国家和社会培养人才，其中体现了教育者价值判断与选择的主观性。明确新时代高校校园文化育人功能发挥的价值取向，对于指导高校校园文化建设，保证高校校园文化育人正确方向具有重要意义，也是本研究所要明确的基本问题之一。价值取向是人们在实践中形成的价值观念的一定稳定倾向，它具有较强的稳定性，影响并制约着行为主体的价值选择。高校校园文化育人功能发挥的价值取向一旦确定，就能够在育人实践中制约育人目标的制定、育人手段的选择等。在这里，本节从强化新时代文化教育工作的角度，对高校校园文化育人功能发挥的价值取向进行分析。高等教育人才培养的根本出发点是为中国特色社会主义事业培养人才，这就要求高校要坚持社会主义办学方向；社会主义核心价值观规定着整个中国特色社会主义文化的价值取向，因而也制约着高校校园文化的价值取向；从高校思想政治工作与高校校园文化育人相结合的角度来看，人文关怀是其共同的价值取向。因此，本节从坚持社会主义办学方向、以社会主义核心价值观为引领、强化文化教育的人文性三个维度论述新时代高校校园文化育人功能发挥的价值取向。

（一）坚持社会主义办学方向

高校校园文化坚持社会主义办学方向，是教育工作政治属性的本质要求。教育具有鲜明的阶级属性，代表着一定阶级或政党的利益，政治性是其本质属性；高校校园文化属于意识形态的内容，同样体现着统治阶级的意志。我国的国家性质决定了高等教育事业必须坚持社会主义的办学方向。高校校园文化育人也面临着“为谁培养人”的价值选择，需要解决育人方向问题。办学方向制约着高校人才培养的整体走向，如果高校在办学方向上走错了，就不能培养真正为国家和社会发展所需要的人才。高校校园文化育人功能发挥在实践上从属于高校教育的育人系统，要遵循高等教育在办学方向上的要求。因此，高校校园文化育人功能的发挥必须遵循党的领导，在事关办学方向的问题上明确立场。

从高校校园文化自身来讲，它具有丰富的内涵和表现形式，包含了大学精神、价值观念、校风、教风、学风、规章制度、师生行为、校园环境等，几乎涉及大学的方方面面。高校校园文化能够通过多种文化形态和载体，以及创造育人环境来实现育人功能。由于高校校园文化育人深入学生学习生活的点点滴滴，因此，更不能在方向原则上放松。在实践中，高校校园文化要充分发挥党、团组织在育人功能发挥上的领导作用，加强社团文化建设，保证其功能发挥具有坚定的政治方向。

（二）以社会主义核心价值观为引领

习近平总书记指出：“价值观念在一定社会的文化中是起中轴作用的，文化的影响力首先是价值观念的影响力。”习总书记的这段论述强调了价值观念在文化中的核心地位。对于高校校园文化育人来说，引导大学生树立正确的价值观念是最深层次的价值追求。因而，高校校园文化育人功能发挥最深层的育人内涵，是以其内在的价值体系育人。这就要求高校要加强高校校园文化建设，在全校范围内弘扬最能够体现时代内涵与育人本质的价值观念。社会主义核心价值观能够在高校师生中凝聚共识，引领正确的价值导向，对于高校校园文化育人功能发挥有促进作用。新形势下，用社会主义核心价值观引领高校校园文化建设，能够在高校营造良好的、健康的校园文化体系，起到对高校师生潜移默化的价值引导作用。高校校园文化育人功能的一个重要体现就是可以通过其内在的价值体系来影响育人效果，引导大学生形成正确的价值取向。高校校园文化蕴涵的共同价值观念，能够以潜移默化的方式影响大学师生的思想和行为。以社会主义核心价值观为引领，融入高校校园文化育人功能发挥的各个环节，能够凝聚共识，保证高校校园文化育人保有正确的价值导向。

（三）强化文化教育的人文性

强化文化教育的人文性在一定程度上体现了高校校园文化育人功能发挥的价值追求，主要包含三个方面：坚定以人为本的教育理念、人文精神与科学精神并重、树立文化自觉与文化自信。

1.高校要积极贯彻以人为本的教育理念。坚持“以人为本”的要求体现在高校校园文化育人中，即表现为“以生为本”。高校在育人实践中要尊重教育对象的主体地位，以满足大学生不断增长的精神文化需求为重点。大学生是高校校园文化活动的主要参与者，教育者要主动了解他们的文化生活与文化喜好，有计划、有节奏地开展大学生喜闻乐见的文化活动，以此调动教育对象接受校园文化影响的积极性与主动性，使他们成为高校校园文化建设的生力军。总的来说，坚持以人为本的教育理念，就是要在高校校园文化育人中坚持民主原则，充分考虑教育对象的需求，遵循教育对象的成长规律。

2.高校要坚持人文精神与科学精神并重的大学精神文化建设取向。在高校校园文化系统中，大学精神可以说是最为核心，并且发挥着统领作用的文化元素。大学精神所承载的是高校在长期办学实践中形成的育人理念与价值取向，能够主导大学整体精神文化风貌。新形势下，凝练具有时代内涵与高校特色的大学精神具有重要实践意义。高校在精神文明建设中必须坚持人文精神与科学精神并重。高校在人才培养上越来越重视大学生人文素养的提升，这是高校育人理念进步的表现。高校校园文化育人功能发挥就是要在高校重视对大学生进行学科知识教育的同时，通过各种校园文化活动，引导大学生树立正确的价值观，提升其人文素养。也就是说，高校要在追求科学的真理性与个人发展的人文性上进行平衡，使科学精神与人文精神在育人上实现优势互补。唯有这样，高校才能更好地发挥校园文化的育人功能，促进学生综合素质提升，使其成为对国家、对社会有用的人才。

3.高校要引导大学生树立高度的文化自觉和文化自信。中国特色社会主义文化规定着高校校园文化的发展方向，培养大学生对中国特色社会主义的文化自觉与文化自信，是高校校园文化育人功能发挥的价值目标之一。培养大学生的文化自觉就是要让大学生对自身文化有一定的了解，能够清楚自身文化的形成、发展与特色等。培养大学生文化自信，是指在引导大学生对自身文化了解的基础之上，产生对自己文化的认同与信心。通过高校校园文化育人，能够帮助大学生树立文化自觉与文化自信，展现文化教育的人文精神。教育者要培养大学生正确的文化态度，在认同本民族文化基础上，吸收借鉴其他优秀文化的有利因素来丰富自身文化素养。文化态度中，最忌崇洋媚外，觉得外来的一切文化都是好的，不能甄别文化中的糟粕与精华。因此，提升大学生文化选择与价值判断能力是高校校园文化在育人实践中强化文化自信的必然要求。

第二节　文化育人发挥内在机理

高校校园文化育人是高校人才培养体系的重要组成部分。深入探析新时代高校校园文化育人功能发挥的内在机理对于把握校园文化育人规律，强化校园文化育人效果具有重要意义。本节从高校校园文化育人功能发挥的育人实践特质出发，论述了高校校园文化育人功能发挥的要素构成，以及各要素在功能发挥中的具体作用；分析了高校校园文化育人功能发挥的基本环节；在明确要素关系的基础上，论述了高校校园文化育人功能发挥的作用机制。

一、高校校园文化育人功能发挥的要素分析

高校校园文化育人功能发挥从本质上来说是育人实践活动，包含育人主体、客体、介体等基本要素。首先，从高校校园文化的形成过程来看，高校师生都是影响高校校园文化生成与发展的文化主体，都在一定程度上影响着高校校园文化育人功能的发挥过程。但二者在其中的所处的位置却并不相同。高校教师和行政管理人员是高校校园文化育人活动的发起者，在其中起着主导作用；大学生则是高校校园文化的主要“化”“育”对象，是接受校园文化影响的一方。其次，高校校园文化在育人功能发挥中扮演着双重角色。高校校园文化既有“文化价值”意义上的育人力量，又作为联系各种育人要素的育人媒介存在。高校校园文化能够以其内在的精神力量和价值体系去引导大学生形成正确的思想、意识，也能够充当育人的文化载体，通过各种各样的文化活动提升文化育人的吸引力。最后，高校校园文化育人功能发挥有着特殊的作用方式，它具有整体性、渗透性和内隐性的特征。高校校园文化环境的熏陶感染是高校校园文化育人功能发挥的主要方式。基于以上分析，本文在对高校校园文化育人功能发挥进行要素分析时，借用了文化教育接受理论中“教育主体、接受主体、接受客体、接受媒介、接受环境”五要素分析的基本框架，对高校校园文化育人功能发挥的教育者、育人对象、育人内容、育人媒介、育人环境进行了分析，以期借助对要素关系的分析，明确五要素对高校校园文化育人功能发挥效果的影响。

（一）教育者

在高校校园文化育人功能发挥中，教育者的主导地位主要体现在他是确立育人标准、选择育人内容、实施育人环节的主动行为者，起着保证方向、把握时机、

消除障碍、人格感染等作用。在高校复杂的文化构成中，不仅存在着积极向上的文化内容，而且会有不和谐的文化因素存在。为了保证高校校园文化育人的先进性，就必须借助教育者的力量，从顶层设计的高度对高校校园文化的进行整体规划与建设，形成健康向上的文化氛围，从而对大学生进行正确的引导。从根本上来说，一所高校的办学理念是影响其高校整体文化氛围形成的核心因素，对高校办学理念的确立、精神文化的建设，都离不开教育者的重视与构建。同时，教育者的自身素养也会对其文化引导力产生影响。高校文化教育工作者的理论水平、思想观念、价值态度，以及运用校园文化实施育人的自觉性和操作能力等，都会在一定程度上影响大学生对校园文化育人的感知和接收。从育人的角度来说，教育者承担着价值引导的根本职能，即“以社会的要求为准绳，科学地影响教育对象，不断把教育对象的思想政治品德提升到社会需要的水平”。教育者的主导地位毋庸置疑，没有教育者，整个文化育人过程就不能自觉进行，也就不是基于文化教育目的而实施的高校校园文化育人。

（二）育人对象

在文化教育中，教育对象可以是全社会的人。而在高校校园文化育人功能发挥中，教育对象特指接受高校校园文化熏陶感染的大学生。严格意义上来讲，高校校园文化不仅影响着大学生的成长与发展，对高校组织的其他成员也发挥着文化的熏陶作用。而大学生是高校人才培养体系的主要作用对象，也是在教育者的引导下接受高校校园文化的熏陶、感染的育人对象。大学生能够通过自身心理运动的过程内化教育影响，提高自身综合素质。而从文化对人影响的非强制性来说，高校校园文化育人功能发挥，不能忽视教育对象的主体性。只有教育对象的文化感知力提升，主动接受文化的影响，内化教育信息，高校校园文化育人功能发挥才能真正产生效果，实现价值。教育者应该在育人过程中积极调动教育对象的“主体性”，发挥其能动性与创造性，强化育人功能发挥效果。从根本上来讲，大学生的成长发展是检验新时代高校校园文化育人功能发挥效果的关键所在。只有受教育者对高校校园文化育人内容产生认同，并在此基础上，内化于心、外化于行，高校校园文化育人功能才最终得以发挥。

（三）育人内容

高校校园文化在文化教育中通常是以文化载体的形式存在的，教育者常常忽略高校校园文化在一定程度上也是作为教育内容发挥着育人作用。高校校园文化在几十年的发展中形成了厚重的文化积淀，其本身就具有丰富的育人内涵。大学的办学理念和大学精神是高校校园文化中最为核心的部分，能够产生精神动力，引导大学师生的思想观念、道德观点、学术理念等。例如，东北师范大学以“勤奋创新，为人师表”为校训，将时代的精神内涵结合师范院校的特色进行凝练，为学子的求学与成人之路提供精神引领与价值追求，有助于塑造大学生的健康人格与学术品格，并约束其遵循职业道德。高校校园文化能够以其特有的精神内核引导大学生按照其要求去完善自我，在满足大学生精神文化需求的同时致力于提升大学生的思想道德素养。高等教育的政治属性要求高校校园文化育人功能发挥要服务于国家文化发展和高校人才培养的要求。因此，在育人内容要素上，除了高校校园文化内在的育人要求，也应该包括中国特色社会主义文化的丰富内容。教育者总是要传达一定的教育信息给受教育者，因此，教育内容的选择也会对高校校园文化育人功能发挥产生重要影响。对于高校校园文化育人功能发挥来说，选择什么样的文化来育人，直接决定着育人的导向问题。从实践过程来讲，育人内容的选择在很大程度上制约着育人的实际方向，是影响高校校园文化育人功能发挥的重要因素。

（四）文化载体

文化载体在高校校园文化育人功能发挥的实践过程中，充当着媒介的作用。校规校训、宣传标语与形式多样的文化活动，都是大学生日常生活中频繁接触的文化载体。大学生对文化育人内容的选择、接受与内化、外化都得在现实的校园文化生活中实现。高校校园文化作为育人载体存在，能够承载文化教育信息，成为教育者传导教育信息的媒介，从而起到一定的育人功能。对文化载体的建设是强化高校校园文化育人效果的主要途径，包括凝练大学精神，培养良好的校风、学风，营造良好的文化氛围；注重文化活动的主题性融入与平台化建设；加强校园网络文化载体建设等。作为高校校园文化育人过程中不可或缺的媒介要素，文化载体一方面能够承载和传导校园文化中的育人内容，另一方面能够为文化育人过程中各要素的相互作用和相互影响提供平台支撑。时代的发展要求高校要加强文化载体建设，创新文化育人形式。高校“育人为本”的教育理念要求文化教育工作者要关心大学生的身心发展，了解大学生对各种文化载体的喜好和接受程度，充分考虑各种文化载体的特性，灵活运用载体，更好地呈现教育内容。因此，教育者需要通过校园文化建设，不断丰富和发展文化育人载体，综合运用文化育人方法和手段，增强高校校园文化育人形式的新颖性，吸引大学生主动参与文化活动，接受文化熏陶，从而更好地发挥高校校园文化育人功能。

（五）文化环境

由于文化育人主要是以浸润、熏陶、感染的方式去影响受教育者，校园人文环境不仅对高校校园文化育人功能发挥效果产生重要影响，而且直接以“环境熏陶”的方式参与到其实践过程中。因此，文化环境也应成为高校校园文化育人功能发挥的一部分，作为其要素存在。高校校园文化环境具有显性文化与隐性文化的双重性质，包括由一定的文化基础设施和人文景观组成的物质文化环境，也包括由大学精神、办学理念、校风校训、规章制度等内容构成的校园文化“软环境”。马克思的教育环境理论认为“人创造环境，同样环境也创造人”。通过高校校园文化环境的浸染，大学生能够在不知不觉中转变其思想观念与行为习惯。高校校园文化环境作为重要影响因素，对高校校园文化育人功能发挥起着双重作用，健康向上的校园文化环境能够以潜移默化的方式，对大学生的思想观念、道德品质等产生积极影响，进而对高校校园文化育人功能的发挥起到促进作用。而高校如果不注重构建健康向上的校园文化环境，则会对文化育人效果产生负面影响。新时代背景下，高校校园文化环境的营造应该在硬件设施、基础设备建设的基础上更加注重校园文化“软环境”的打造，彻底避免出现文化活动开展走重形式轻内容、文化环境建设重物质文化建设轻精神文化建设的现象。

二、高校校园文化育人功能发挥的运行过程

上述我们对高校校园文化育人功能发挥构成要素的分析仅限于一种静态的思考，要深入高校校园文化育人功能发挥的内在机理，产生较为全面的认知，必须运用动态的思维来分析其运行过程，研究这一过程中所包含的彼此联系的若干环节。恩格斯指出，“世界不是既成事物的集合体，而是过程的集合体，其中各个似乎稳定的事物同它们在我们头脑中的思想映象即概念一样都处在生成和灭亡的不断变化中。”高校校园文化育人功能发挥作为一个实践活动，必然有其发展变化的过程，它在微观上表现为一个具体的教育活动过程。由于文化育人具有特殊性，是在文化传承与创新的过程中实现人的自我完善与自我超越的，高校校园文化育人功能发挥又具有区别于一般教育过程的特点，因此在育人过程中更加强调文化的柔性，注重文化氛围的营造，通过文化环境的感染熏陶，潜移默化地影响

大学生，达成育人目的。

从上文对高校校园文化育人功能发挥过程中五要素的分析来看，这一过程主要是教育者挖掘校园文化育人内涵、丰富校园文化育人载体、打造校园文化育人环境的过程，与大学生对育人内容的内部处理过程的内在统一。新形势下，高等教育对人才培养质量越来越重视，对高校校园文化育人功能发挥进行反馈调节成为整个运行过程中一个重要环节。基于以上分析，我们将高校校园文化育人功能发挥的运行过程分为前期规划、具体实施与反馈调节三个主要阶段进行深入研究。

（一）前期规划

教育者对高校校园文化育人功能发挥的前期规划与设计能够保障育人过程的正确方向与育人要素的合理配置。在前期规划阶段，教育者要对高校校园文化育人功能发挥进行整体设计，并且要了解育人对象的特征与其思想品德发展规律。

1.教育者要了解大学生的思想特点与成长规律，对其文化价值倾向进行初步认识。观察育人对象，深入了解育人对象的文化蕴涵，是高校校园文化育人功能发挥的首要环节。高校校园文化育人说到底与一般的教学、育人过程不同，具有潜隐性的特质，教育对象能否接收到教育信息并整合内化为自己的思想观点，取决于教育对象对文化的感知力和主动性。出生于经济腾飞的改革开放时期，在国家各项事业取得全面发展的新时代环境下步入大学生活，新时代青年成长经历丰富，眼界开阔，有利于大学生产生对中国特色社会主义文化的文化自觉与文化自信，这为高校校园文化育人功能发挥奠定了良好基础。但是，现代信息技术的发展营造出一个虚拟社会与现实社会交织的社会，各种不良文化有着更为隐蔽的传播渠道，大学阶段又是大学生成长的关键时期，其心智尚未成熟，价值观还没有完全形成，容易受到大众文化、网络文化中不良因素的影响。因而，深刻认识和把握当前大学生的学习特点、思想特点和心理特点显得尤为重要。

2.大学领导要组织专门师资队伍对高校校园文化育人功能发挥进行整体规划与顶层设计。高校应该从高校校园文化育人功能发挥的整体性出发，整合校内校外两种文化资源，带动社会文化与校园文化育人的良性互动；整合校内育人人力资源，发挥多元主体的教育力量，通过合力育人方式强化育人功能。高校校园文化育人主体的共同参与和相互协作，能够有效加强育人规划的科学性与合理性。从教育者的角度来说，在实际教育教学过程中，他们分别隶属于不同的学校部门和学院。高校层面的整体规划能够有效突破部门之间、学院之间的隐形壁垒，更好地发挥教育者之间的协同作用，发挥多重主体的整体效应，从而避免在实际工作中，把校园文化育人附属于某一部门，局限于管理层面或文化教育层面。总之，在高校校园文化育人功能发挥的实践中，包括大学领导与一线教育与管理人员在内的教育者要发挥学校作为文化组织的统领作用，实现各种校园文化资源的合理利用。

（二）具体实施

高校校园文化育人功能发挥的具体实施阶段更加凸显育人对象的主体作用，大学生对高校校园文化育人功能发挥的内容解读与整合内化是整个过程的关键环节。因此，本节从大学生对育人内容的内容解读、整合内化、外化践行三个彼此关联的环节展开论述。强调高校校园文化育人具体实施阶段中，教育对象对育人内容的处理，并不是弱化教育者对这一育人过程的主导和引领，而是由于文化影响的特殊方式，使得育人对象的主动性、对精神文化提升的内在需要成为高校校园文化育人过程的内在动力，是决定育人效果的关键所在。与知识教育不同，文化育人并不是一般意义上教与学的过程，而是侧重于教育对象对育人内容的接受吸收、内化整合并外化于行的过程。

1.内容解读

内容解读是高校校园文化育人功能发挥中，教育对象接受文化影响的第一步。教育对象运用自己现有的文化认知能力，依据一定的评价标准，对所接触到的文化育人内容进行价值判断与取舍。大学生对文化育人内容的解读是基于自己原有的文化认知能力与提升自身素养的需求之上的。其主体性决定教育对象会采用自己的一套价值标准来对育人内容进行解读与筛选。个体的内在精神需要和对文化的基本认识能力，制约着大学生对于教育内容的解读。大学生对高校校园文化育人内容的解读一般具有两种结果。当教育内容所传达的信息满足大学生的个体需要，并且大学生的文化自觉能力较强时，大学生对教育内容的解读是全面的、客观的；当教育内容不满足大学生的个体需求，或者大学生的认知能力较差，那么他对教育内容的解读则是局部的、主观的。对教育内容进行初步解读后，接受主体会采用带有个人主观性的接受标准衡量接受客体，确定是否接受、接受多少，然后进入筛选步骤。大学生作为接受主体，会依据自己的内在需要对教育内容进行分解、取舍。

2.整合内化

文化育人内容进行解读之后，教育对象从中筛选出符合自己内在精神文化需要的文化内容，而这些文化内容必须通过教育对象内部整合之后才能内化为自己意识的有机组成部分，成为大学生内在的思想认识。它是教育对象运用思维将高校校园文化育人功能发挥中的教育信息整理、融合，进而归置为自身思想观念的建构活动。对于高校校园文化育人功能发挥来说，整合意味着找出新获取的文化内容与原有的文化认知之间的内在关联性，经过思维加工，产生新的认知结构。大学生在建立新的育人内容与原有的思想体系的共同联系之后，还必须经过大学生自身心理活动，才能内化为自己思想认识的有机组成部分，促进思想品德的发展。教育者所传达的教育信息，只有经过了教育对象的整合内化，才能触动教育对象的内心世界，使其思想意识变化发展。这一环节是高校校园文化育人功能发挥最为关键的环节，教育内容能否被教育对象真正接受，还是被排除在教育对象的心灵世界之外，主要取决于此。对于符合大学生原来文化认知的部分，大学生更易于接受。

3.外化践行

经历过整合内化环节后，教育对象将社会要求的思想观念、价值观点、道德标准转化为自身意识的一部分，还要经过外化进行环节强化认识，并将之转化为思想道德行为表现和行为习惯。人们的认知能力与实践能力有时候并不在一个水平上，判断一个人的品质优劣、素养高低，需要考察其具体行为。在外化践行环节中，大学生不仅要将道德观点与道德实践结合起来，把思想认知与具体行为统一起来，而且还扩大了社会交往的范围，在实践中检验了所接受的教育影响，增强了自身的判断能力。这一环节对于大学生巩固良好的思想道德素养具有重要的意义。外化践行环节除了可以强化刚刚融入自我意识体系的教育内容，还是下一环节检验高校校园文化育人功能发挥效果的重要依据。各种文化活动的开展为巩固高校校园文化育人效果提供了丰富的平台。在各种校园文化交往与活动中，大学生能够将获取的教育影响以言行的方式表现出来，在满足精神文化需求中得以进步。

（三）反馈调节

新时代背景下，建立高水平人才培养体系是高等教育提升教育质量和效果的必然要求，高校对人才培养质量的重视也就要求高校校园文化育人功能发挥必须注重育人效果。从高校校园文化育人的整体性来说，教育实施的完成并不是意味着高校校园文化育人活动的结束。虽然思想观念、道德观点是抽象的，但是可以通过语言、行为等外显出来，对育人的反馈与调整也应该纳入高校校园文化育人过程。经过了教育者实施育人过程的准备阶段与教育对象接受教育信息的育人实施阶段，教育内容内化为教育对象的意识，外化为其行为习惯，育人功能得以发挥，教育效果得以显现。这些信息一方面反馈给教育者，有利于其调整教育目标，优化育人方案，进行下一步的育人实践活动；另一方面反馈给教育对象，使其审视自身的价值标准和观念体系。

高校校园文化育人从整体规划到具体实施，包含众多复杂的环节与影响因素，这就导致最终效果可能与预期存在偏差。为了了解功能发挥中的效果差异和具体问题，教育者应该在反馈调节阶段投入更多的精力。而在反馈调节中，关键的环节是建立一定的评估体系，评估是反馈的前提与基础，只有恰当的评估才能提供正确的、有用的反馈信息。所以这一阶段包含评估、反馈、调节三个紧密联系的环节。总的来说，在反馈调节阶段，高校要以建立健全校园文化建设评估机制、疏通信息反馈渠道为重点。

首先，高校要在国家政策文件的指导下完善校园文化建设的评价标准。对高校校园文化育人效果的进行评估，需要建立在一定的评估标准基础之上。这就要求高校要建立并完善校园文化建设的评价体系，将复杂的、抽象的、不便测评的育人效果具化为具象的、可测量的指标体系。进入新时代以来，国家越来越重视教育的质量问题。针对校园文化建设问题，国家于 2017 年 6 月出台了《全国高校文明校园测评细则》。这一细则对校园文化建设和校园环境建设进行了测评指标划分并提供了细致的测评标准，为高校进行校园文化建设质量测评提供了标准与依据。高校应该在细则的指导下，结合学校自身的发展特色，细化并完善校园文化建设的评价体系，使高校校园文化育人功能发挥的效果评估有具体的标准与依据。

其次，高校要发挥校园文化建设工作组在评估与反馈中的方向指导与沟通协调作用。成立专门的校园文化建设工作组，不仅能够加强对高校校园文化育人功能发挥的整体规划，为实施阶段提供保障，而且便于对效果进行评估与反馈。校园文化建设工作组要承担起组织实施功能发挥效果评估、疏通信息反馈渠道、优化校园文化建设规划的重要职责，从而奖优惩劣，推动高校校园文化育人功能发挥的进一步发展，真正将反馈调节的优势发挥出来。

之所以将高校校园文化育人功能发挥过程划分为各个阶段和环节，是为了对整个实践运行过程有一个更为清晰深入的了解。但是，高校校园文化育人功能发挥毕竟是一个整体的实践活动，各个部分不是割裂开的，而是相互衔接、彼此作用的有机整体。说到底，教育者对教育内容的传导和教育对象对教育内容的接受是在同一育人过程中实现的，在实践中还是要进行整体把握。

第三节　新时代对文化育人的时代要求

高校校园文化育人说到底是高等教育整个人才培养体系中的一部分，必须遵循高等教育的办学原则。习总书记在高校思想政治工作会上指出，高等教育要坚持社会主义办学方向，坚持党的领导。因此，党和国家的政策方针决定着高校校园文化育人功能发挥的整体方向。总书记在全国高校思想政治工作会议上强调，“高校思想政治工作关系高校培养什么样的人、如何培养人以及为谁培养人这个根本问题”。从文化教育的角度去分析，新时代高校校园文化育人功能发挥主要涉及“以什么文化育人”“育什么样的人”“怎样育人”这三个核心问题，对这三个问题的论述就展现了高校校园文化育人功能发挥的时代要求。

高校校园文化育人的首要前提是以先进文化育人，这是由高校校园文化自身性质、社会文化发展的需要、国家人才培养的目标共同决定的。时代不断前进，文化也在不断创新发展，只有坚持以先进文化育人，才能不断丰富高校校园文化育人功能发挥的理论与时代内涵，强化育人效果。

一、以先进文化育人的必要性

高校校园文化应该坚持以什么样的文化育人，这是决定高校校园文化育人功能发挥的整体方向的前提性问题。在人们的实践活动中，文化一经产生，就反过来对人的思想、意识和行为产生影响。这种影响既可能是正面影响，也可能是负面影响，权由发挥作用的文化本身的性质来决定。先进文化能够对人们的思想观念、价值体系和行为方式产生积极影响，反之，落后文化则会侵蚀人们的内部精神世界，阻碍人的发展。文化对人的影响具有客观性，但是文化育人却有着鲜明的价值取向。文化的育人功能特指文化对人产生的积极影响。只有坚持以先进文化育人才能发挥文化培育人、塑造人的积极作用。从高校校园文化育人的本质来说，它是高校用校园主导文化内在的知识体系、价值体系和行为规范去引导大学生内化特定的文化内容，对大学生进行有意识的文化影响与文化构建的过程。就文化育人的政治性而言，这种文化影响或文化构建活动从根本上来说要符合国家统治阶级的利益要求。用符合社会发展潮流的先进文化进行文化育人活动，才能保障文化育人的正确方向。中国特色社会主义先进文化代表着我国社会文化发展的方向，是推进高校校园文化建设的主导力量。因此，高校必须坚持用中国特色社会主义先进文化培育人，保证高校校园文化育人的正面引导。

高校校园文化能够以其内在的精神动力、制度文化、行为规范去塑造大学生人格，促进其全面发展。高校实施文化育人的核心目标在于实现“立德树人”根本任务。对具有明确的政治属性的高等教育而言，加强文化育人的价值构建，发挥先进文化的育人功能是其内在追求。因而，高校校园文化育人功能发挥也无法脱离社会文化大环境的影响。社会文化大环境会对高校校园文化育人功能发挥能够产生双重影响。一方面，社会需要的主流文化规定着高校校园文化发展的方向，大学也根据文化自身发展的要求及大学对文化的创造、对社会文化的批判活动去丰富社会文化内涵、定向社会价值系统，进而发展社会。另一方面，社会文化中包含的一些亚文化形态，则会对高校校园文化育人功能的发挥造成一定冲击。习近平总书记在文艺工作座谈会上指出："我国社会正处在思想大活跃、观念大碰撞、文化大交融的时代，出现了不少问题。其中比较突出的一个问题就是一些人价值观缺失，观念没有善恶，行为没有底线"。当前我国社会文化发展呈现一元主导与多样发展的格局。马克思主义理论指导下的中国特色社会主义文化事业蓬勃发展，为高校校园文化育人功能发挥提供丰厚的文化滋养。西方文化、大众文化、商业文化等社会非主流文化也占据一定的发展空间。当这些在社会中形成的多元价值观以及各种社会思潮涌入高校后，会通过动摇少部分师生对主流文化的认同，从而对高校校园文化育人功能发挥带来问题。由于大学生思想活跃，对新鲜事物的接受度高，又没有形成稳定的价值判断，很有可能会受到社会文化中一些错误观点的影响，产生功能主义、利己主义思想，不利于大学生自身发展，也会对校园文化整体氛围产生不好的影响。从现象上来看，部分高校重物质文化轻精神文化建设，在硬件设施、基础设备上投入了大量精力，促进了校园环境的提升与改善，却忽视了精神文化对师生的隐性熏陶和内化作用。有些高校对校园文化建设不够重视，校园文化的功利性、通俗性、娱乐性突出，举办的校园文化活动重形式而非内涵，不仅不能提升学生的文化素养，反而消磨了学生的学习时光。

二、用先进文化引导高校校园文化建设

从文化育人的本质来讲，高校校园文化育人毕竟是以先进文化去塑造人、引导人、感染人，从而促进大学生文化素养与道德品质的提升。这就要求高校必须要加强校园文化建设，坚持一元主导与多样发展相结合，营造具有深厚传统文化氛围的校园文化环境，在育人中坚持文化自信。高校校园文化只有始终保持自身的文化先进性，才能在培养人、塑造人、影响人上取得成效。新形势下，只有不断加强高校校园文化建设，才能有效发挥高校校园文化的育人功能。

首先，高校校园文化建设要坚持一元主导与多样发展的结合。主流文化在高校校园文化中占主导地位，是文化育人先进性的要求。高校要以中国特色社会主义先进文化为底蕴，加强党的理论教育，开展革命文化相关主题教育，以巩固先进文化在高校校园文化中的主导地位。坚持先进文化在高校校园文化中的主导性也是加强高校意识形态工作，维护高校校园文化安全的必然要求。“文明因交流而多彩，文明因互鉴而丰富”。高校具有发展多元文化的潜质与需求。首先，从大学生的组成来看，我国少数民族与国外留学生占据一定数量，我国还有专门的民族学校，这就要求高校校园文化要具有包容性，给予其他民族文化和国家文化一定的发展空间；其次，教育的国际化要求高校要加强对外的学术交流与合作，教育部与高校为拓宽大学生学术视野提供了多种形式的留学服务项目，引智基地的建设为高校引入了具有国际学术地位的著名专家学者，国内外高校的学术交流合作越来越多，为高校发展多元文化提供了土壤。因此，就高校校园文化的发展或建设来说，既要坚持中国立场，以发展中国特色社会主义先进文化为己任，坚持先进文化在高校校园文化建设中的主导性，又要以开放包容的姿态引导多元文化的合理发展。

其次，高校校园文化建设要营造具有深厚传统文化氛围的校园文化环境。习近平总书记指出，“优秀传统文化是一个国家、一个民族传承和发展的根本，如果丢掉了，就割断了精神命脉。”中华优秀传统文化蕴含着丰富的哲学思想、人文精神、教化思想、道德理念等，高校校园文化要深入挖掘优秀传统文化的育人要素，形成具有优秀传统文化基因的高校校园文化育人环境。高校应该创造性地运用中华优秀传统文化资源，培育大学生爱国主义情怀与健全人格，坚持以美育人、以文化人，提高大学生的人文素养。高校可以通过邀请名师、大家、传统文化传承人开展讲座，增进大学生对传统文化的认识；通过国学社、汉服社、书法社等学生社团组织，激发大学生对优秀传统文化的兴趣，在传承优秀传统文化中，丰富文化生活；通过设立课题基金加大对优秀传统文化育人的研究，形成丰富的理论研究成果，促进产学研相结合。高校将中华优秀传统文化资源引入高校校园文化育人氛围的营造，对于增强高校校园文化育人效果具有重要意义。

最后，高校校园文化要在育人中坚持文化自信。新时代背景下，我国经济社会进一步发展，“一带一路”建设等经济领域的新举措吸引着世界关注；对外交往也迈入新阶段，建立人类命运共同体的号召获得了更多的国际认可。在中国发展获得国际认可与肯定的同时，提高国家文化的软实力，增强中华文化的影响力是新形势下我国宣传思想工作的主要任务之一。就高校层面而言，在对外的学术交流与合作中，要秉持中国特色社会主义文化立场，传播中国声音，讲好中国故事；在教育教学中，更要树立正确的文化价值观念，认同与发扬本民族文化，要将培育大学生文化自信作为高校校园文化育人的基本目标。能否在育人中坚持文化自信，是检验高校校园文化育人工作好坏的一个基本衡量指标。高校要加强主流媒体建设，掌握文化宣传的话语权，在高校校园文化建设与育人实践中不断强化大学生对中国特色社会主义文化的认同。

总体来说，坚持以先进文化育人要求高校校园文化要不断加强自身建设，在吸收吸纳各种优秀文化资源的同时，也要注重避免被多种社会文化形态中的错误文化价值观念所侵蚀。高校在校园文化育人实践中，要积极学习借鉴先进文化，从中华民族优秀传统文化、革命文化、中国特色社会主义先进文化当中汲取营养，增强运用各种文化资源开展育人活动的能力和水平。

第四节　文化育人功能发挥规划策略

一、重视校园文化育人体系的整体规划

高校校园文化育人具有整体性、渗透性与潜隐性特征，主要是通过一定的文化环境或氛围，潜移默化地影响大学生的思想意识与价值观念。高校要加强对校园文化育人的引导，保证育人方向，就需要借助高校的组织属性，从顶层设计的高度对高校校园文化育人体系进行整体规划，充分发挥高校党政系统、辅导员队伍、教师等文化主体的育人作用；充分利用各种文化资源，精心营造以大学精神与办学理念为核心，以制度文化为保障，以图书馆、校史馆等场地设施为依托的高校校园文化育人环境。随着《国家教育事业发展“十三五”规划》的出台，高校纷纷响应规划要求，结合各高校特色，制定了“十三五”校园文化建设规划。高校制定校园文化建设规划体现了高校层面对高校校园文化育人功能的重视，也为高校落实校园文化育人提供了思想指导与实践依据，有利于高校校园文化育人功能的发挥。对高校校园文化进行整体规划，能够充分调动文化主体的积极性，合理配置文化资源，使各种育人要素发挥最大功能。

二、加强校园文化育人平台建设

高校校园文化育人功能发挥需要借助一定的平台得以进行。加强文化活动、网络文化等校园文化育人平台建设也是高校加强校园文化建设、弘扬先进文化的内在需求。一定程度上说，平台建设的好坏，很大程度上会影响高校校园文化育人功能发挥的效果。因此，新形势下，教育者应该具备阵地意识，加强校园文化育人平台建设，主动掌握文化传播的话语权，这是新时代高校校园文化育人功能发挥的重点策略之一。

（一）加强文化活动平台建设

文化活动是高校校园文化育人功能发挥的重要载体，形式新颖的文化活动能够吸引更多大学生主动参与，从而强化高校校园文化育人功能发挥效果。文化活动在高校校园文化育人功能发挥中承担着重要角色，从高校校园文化育人功能发挥来看，文化活动是教育者与教育对象互动，产生教育影响的重要媒介；从教育对象对教育信息的接受过程来看，文化活动是实现内化向外化转换的关键步骤。因此，高校要以文化活动平台建设为重要内容，组织更多主题鲜明、内容丰富、形式新颖的校园文化活动，从实践活动中做到文化育人，以便更好地发挥校园文化活动的育人功能。高校校园文化活动要兼具形式的新颖性与内涵的丰富性。

（二）加强网络文化新平台建设

习近平总书记在文艺工作座谈会上指出，“互联网技术和新媒体改变了文艺形态，催生了一大批新的文艺类型，也带来文艺观念和文艺实践的深刻变化”。人们越来越依赖网络进行购物、社交、学习，以及获取外界信息，网络为人们的生活带来便利的同时，也在一定程度上改变了人们的思维方式和行为习惯。就高校思想政治工作而言，互联网已经成为其基本外部环境。高校是学术研究与科学技术发展的重镇，处于先进思想文化传播的前沿阵地，高校师生又是使用互联网频度最高的人群，这就使得网络文化能够迅速渗入高校校园文化，成为影响高校校园文化育人功能发挥效果的一个重要因素。网络语言的多元化与年轻化使得大学生对网络文化接受度普遍较高，充分运用网络文化载体，能够使校园文化育人更具亲和力与吸引力。然而，具有开放性、虚拟性与交互性的新媒体，模糊了虚拟社会与现实社会的界限，网络文化因而更加多元化与复杂化。网络文化所带来的纷繁复杂的思想观念与价值取向有可能对主流校园文化形成威胁，从而对高校校园文化育人效果产生负面影响。另外，网络世界的虚拟性也使得高校对其监管力度较难把握，如果对网络文化平台监管不到位，则会使大学生接受到网络不良信息的负面影响。维护高校意识形态工作安全，也要求高等教育工作者要警惕西方敌对势力以及宗教极端分子利用网络新媒体向大学生散播敌对信息和极端言论。因此，高校教育工作者要具有阵地意识，善于将先进文化与新媒体这种新的传播方式进行结合，加强网络文化新平台建设。

三、完善校园文化育人方法

高校校园文化育人功能发挥离不开各种文化育人要素对大学生的影响。不同的文化育人要素对大学生的影响方式有所不同，所运用的育人方法也不尽相同。高校校园文化在育人方法上主要强调文化的柔性力量，强调文化育人的潜隐性，即高校校园文化能够以润物细无声的方式，潜移默化地教化人、影响人；强调在文化环境中对大学生进行熏陶感染；强调高校校园文化的生活化育人，在日常生活实践中完成育人过程。高校校园文化育人的这些特点决定了校园文化育人方法的要具有多样性。新形势下，高校应该在充分了解校园文化育人规律和特征的基础上，充分运用各种文化要素的育人力量，不断完善校园文化育人方法，促进大学生全面发展。

第六章　新时期高校红色文化育人

第一节　文化育人与红色文化

一、文化育人

文化的基本功能是塑造人或教化人，文化功能实现的过程，就是文化育人。“从总体而言，所谓文化育人，就是以文化人，即遵循文化教育规律和大学生成长规律，以文化价值渗透的方式，将先进文化的价值渗透到人的灵魂深处，使人内化于心，外化于行，从而实现文而化之的目的，促进人的全面发展。”文化育人强调“重视人文教育、隐性教育，注重精神成长、思想提升，主张潜移默化、润物无声，通过有意味的形式，长久地、默默地、逐渐地感染人、影响人、转化人”，实现“入芝兰之室久而自芳”的文化教育效果。

理解文化育人的丰富内涵，需要理解三个问题，即“以什么样的文化内容育人”“以怎样的形式育人”“育人的核心目标是什么”。

文化育人的内涵主要体现在三个层面：

一是用中国特色社会主义文化育人。“以什么样的文化育人”中的“文化”，是指内容和载体意义上的文化。载体意义上的文化，是指文化教育者为达到教化人、提升人的目的，作为育人载体或手段而利用的各种文化成果。这些文化成果都承载着某些特定的文化教育价值观念，广泛地存在于物质文化、制度文化、精神文化之中，可以以多种多样的文化形式出现，如各种文化产品、文化活动等，它不是单纯的书本上的知识，也并非脱离于现实社会生活而存在。人们对它的感知、接受与习得往往是在现实的社会文化生活之中。中国特色社会主义文化是当代中国的主导文化，决定了中国文化的发展方向。因此，文化育人无论是运用什么样的文化载体，它所承载的文化内容一定是社会主义先进文化。从这个意义上讲，文化育人的第一个基本内涵就是用中国特色社会主义文化培育人。

二是在渐进的文化过程中培育人。文化，除了作为文化成果而存在，还作为“文化”的过程而存在，人的一切文化实践活动都可看作是“文化”的过程。

三是从人的思想层面育人。文化育人从根本上是要培育人内在的价值观念和理想信仰。实现人的内在思想观念从“文化的认知”到“文化价值观念的认同”，到“文化价值观念的内化，甚至是理想信仰的升华”，再到“恪守价值准则或追求理想信仰等行为的外化”的一系列转化过程。社会主义核心价值观是人们共同的思想道德基础，是中华民族文化的灵魂。习近平总书记指出：“把培育和弘扬社会主义核心价值观作为凝魂聚气、强基固本的基础工程”。这就要求必须持续深化社会主义思想道德建设，为我国社会主义建设提供强劲的精神动力和深厚的道德滋养，把培养具有符合社会发展要求的道德品质作为文化育人的核心内容和重要任务。

二、红色文化

目前国内学者多从不同角度界定红色文化，对红色文化有着不同的认识和理解。孙晓飞认为：“在中国共产党领导的中国革命和建设的过程中，传统的民族精神和进步的时代精神被进一步升华为以马克思主义为指导思想，以共产主义理想为基石，坚持全心全意为人民服务，以坚定的政治信仰、无私的奉献精神、崇高的爱国主义和革命英雄主义等科学的世界观、人生观和价值观为核心的意识体系，以这种意识体系为核心的文化体系就构成了‘红色文化’。”李康平认为：“中国新民主主义革命年代形成的红色文化，它主要指的是自中国共产党诞生以来，为实现中华民族的独立、解放与自由，在长期的革命战争年代形成的一系列的革命文物、革命文献、文艺作品、革命纪念地、战争遗址、革命领袖人物故居、革命根据地以及凝结在其中的革命精神和革命道德传统。”

综合学术界的主流观点，笔者认为，红色文化是中国共产党领导中国人民在革命、建设、改革的长期实践中以马克思列宁主义为指导，不断吸收中华优秀传统文化精髓，运用马克思主义的基本原理和立场、观点、方法，从中国的特殊国清和具体实际出发，以实现特定历史时期的阶段性目标和实现共产主义为最终目标的具有中国特色的文化精神和文化形态。这一文化是由中国共产党人、一切先进分子和人民群众共同创造出来的各种物质和精神财富的总和。

习近平总书记在中共十九大报告中指出：“中国共产党从成立之日起，既是中国先进文化的积极引领者和践行者，又是中华优秀传统文化的忠实传承者和弘扬者。”红色文化本身就是一种先进文化。红色文化是中国特色社会主义文化发展的阶段性成果，它根植于中华优秀传统文化，又是社会主义先进文化的基础。

红色文化大致可以分为物质文化和非物质文化。红色物质文化，是以客观存在的实物形态存在的，主要包括战争遗址、革命纪念馆、烈士纪念碑和革命领袖故居遗物等实物。红色非物质文化，包含制度文化和精神文化两个层面。红色制度文化涵盖政治、制度、文化等方面，指的是在新民主主义革命时期形成的革命理论、纲领、路线、方针、政策等以及相关的革命文献作品。红色精神文化是包括思想、信仰、精神、规范等范畴，指的是新民主主义革命时期形成的革命精神、革命道德传统等，典型的如井冈山精神、长征精神、延安精神、西柏坡精神等，具体表现为革命时期无数仁人志士在思想道德、民族精神、革命信念和伦理价值上的崇高追求。

第二节　红色文化育人现状

一、高校红色文化育人取得的成效

（一）高校重视红色文化教育

深入开展红色文化教育，是高校推动中国特色社会主义文化繁荣兴盛，牢牢掌握意识形态工作领导权的必然要求。2013 年，教育部与中共中央党史研究室联合设立高等学校中国共产党革命精神与文化资源研究中心，在复旦大学、嘉兴学院、湘潭大学等八所高校设立首批研究基地。该研究中心的设立旨在加强高校党史和革命精神研究以及红色文化资源开发利用的交流与合作，也体现了各高校重视革命传统教育宣传，促进革命文化的传承创新的良好氛围。笔者在四所高校的调查结果显示，24. 1%的大学生十分了解红色文化；67. 4%的大学生基本了解红色文化；仅有 8. 5%的大学生不了解红色文化。针对高校是否重视学生的红色文化教育的调查，75. 6%的大学生肯定高校红色文化教育工作，认为学校开展红色文化育人的氛围较为浓厚；仅有 11. 1%的大学生认为高校不重视红色文化育人工作；还有 13.3%的大学生持模棱两可的看法，不太了解。调查结果表明，红色文化作为一种内涵丰富、题材广泛、形式多样的优质育人资源，各高校深入挖掘红色文化价值内涵并转化为自身立德树人的教育资源，将红色文化融入高校学科专业建设、课程教材建设、实践育人等方面，高校红色文化育人的氛围比较浓厚。各高校高度重视红色基因传承教育，积极推动红色文化理论成果进课堂、进教材、进头脑，取得了一些实实在在的成效，也形成了一些具有自身特色的育人经验和做法。“我国红色文化资源分布较广，许多高校也利用自身的区域优势，结合本地红色文化，与国家课程相对应，将资源优势转化为教育优势。”所调查的盐城工学院、盐城师范学院两所高校地处盐阜革命老区，具有丰富的红色文化资源。盐城工学院在校园内建立铁军精神宣传牌、命名“铁军路”、建设铁军文化广场和新四军领导人群雕等多种形式，凸显新四军的铁军精神，加强学生爱国主义教育。盐城师范学院依托“铁军精神”办学育人，开设“铁军精神”大讲堂，邀请新四军老战士宣讲革命故事，传播革命精神。

（二）大学生积极看待红色文化

在对红色文化是优质教育资源的问题上，73.3%的大学生认为红色文化体现了共产党人为共产主义事业奋斗终身的崇高理想信念，有利于提高自身思想道德素质，对自己成长成才具有引导作用；12.6%的大学生立场模糊，对红色文化的精神内涵缺乏深刻认知；14.1%的大学生持否定态度，认为红色文化对提高自身素质没有帮助。总体上看，当前大学生的政治理论素养比较高，主流思想是积极、健康、向上的，他们拥护中国共产党的领导、热爱祖国，满怀报效祖国、建设社会主义强国的信心和动力，积极看待红色文化，认为红色文化的精神内涵对自己的成长有帮助。因此，大学生群体对红色文化的理解是基本正确的。

近年来，一些优秀红色电视剧、电影、纪录片纷纷上映，比如《建国大业》《建党伟业》《我的长征》《复兴之路》等，在社会上，尤其是在大学生群体中取得了不错反响，引起了大学生的强烈共鸣，这表明红色文化没有过时，只要表现手法新颖、恰当，就会对大学生产生强大的吸引力。在对红色文化是实现中华民族伟大复兴中国梦的精神动力的问题上，77.1%的大学生政治立场坚定，拥护党的路线、方针、政策，对中国发展道路的选择有清晰的历史认知，坚定不移走中国特色社会主义道路；9.7%的大学生不清楚自己的观点，对中国现当代历史的基本问题缺乏了解；13.2%的大学生持否定态度。

在对红色文化的继承与发扬的问题上，69. 3%的大学生认为红色文化是中华民族的精神宝库，当代青年大学生有责任传承和发扬优秀革命传统，积极投身于宣传和践行红色文化精神的实践中；12. 2%的大学生对红色文化精神是否要发扬光大立场不坚定；18. 5%的大学生则认为没有必要弘扬红色文化。调查结果表明，作为祖国的未来、民族的希望，当代大学生基本认可红色文化的价值内涵，认为诞生于革命时期的红色文化给人们提供了宝贵的精神财富与信念信仰，大部分人能认识到自己肩负的历史使命，有责任和义务为中华民族的伟大复兴和国家的繁荣昌盛贡献自己的一份力量。“当代大学生对红色文化普遍怀有朴素的情感，有理想化的认识，大学生对保护和传承红色文化具有强烈的责任感，视传承红色文化为己任。”但同时也不能忽视有一小部分大学生消极看待红色文化，对红色文化的精神内涵存有错误看法，高校仍需提高重视程度，加强关心和教育这些少数学生群体。

二、高校红色文化育人存在的不足

（一）教学形式单一，缺乏吸引力

思想政治理论课是高校开展红色文化育人的主渠道和主阵地，然而实际教学中，由于学科本身突出理论性，呈现出抽象化程度高、通俗化程度低的特点，使得红色文化育人形式缺乏创新，感染力和吸引力较弱。具体表现在：

一是红色文化育人渠道单一。90. 30%的大学生认为思想政治理论课是他们接触红色文化教育的主要渠道，仅有 14. 1%的大学生认为专业课可以让他们受到红色文化的熏陶。调查结果表明，高校思想政治理论课是传播红色文化的主要阵地，但不能是唯一渠道，不能只靠思想政治理论课唱独角戏。红色文化教育尚未形成思想政治理论课与专业课程共同育人的局面。同时，在高校中存在将红色文化育人的任务只限定在思想政治理论课教师、辅导员等专业教师队伍上，忽视学校全员育人的重要作用，使得高校红色文化育人工作单薄乏力，效果不佳。

二是红色文化解释仅停留在表面，教学简单形式化。87.1%的受调查大学生认为思政课教学形式枯燥单一，不能激发他们的学习兴趣；68.3%的大学生表示红色文化课堂教育没有充分挖掘革命历史文化的时代内涵，红色文化被简单教条地理解为热爱党、热爱祖国，缅怀革命先烈，珍惜今天来之不易的生活，口号式的语言过多，不注重内在精神的升华；77.9%的大学生认为高校红色文化教育的价值取向只注重政治导向性，培养学生带有明显功利性，忽视了对大学生的人文关怀，对大学生实际的个体需要兼顾不够。教师是高校红色文化育人的引导者，其自身理论素质的掌握是否扎实会影响大学生对红色文化的正确理解，“部分教师理论功底不够深厚，对红色文化的实质精髓理解不到位，对实践意义的挖掘和解释不充分，容易误导大学生对红色文化价值内涵的判断”。同时，一些高校的课堂教学形式固化单一，没有顺应时代变化和大学生群体心理认知变化做出及时调整，使部分学生错误认为红色文化已经过时，只在革命年代起作用，对生活在和平年代的人们已经没有指导作用了。

三是教学内容未能与时俱进，与大学生现实生活相脱节。74.8%的受调查大学生表示红色文化的教学内容过于陈旧，不够新颖。红色文化产生于革命战争年代，距离现在时间跨度较长，而如今社会面貌已然发生很大改善，因此，81.7%的大学生认为红色文化蕴含的精神价值内涵与现代实际生活有相脱节的地方，他们难以将二者联系起来；79.4%的大学生认为在红色文化教育中，受政治化影响程度过重，革命英雄往往被描述成完美无缺的人物，给人的感受不够真实，缺乏生活气息；60.7%的大学生表示理论知识教学要与红色历史故事相结合。理论知识往往晦涩难懂，或者令人感到枯燥乏味，这时需要辅之一些日常生活中的事物来加强理解。红色文化中许多真实的历史故事，这些革命人物不仅拥有革命立场坚定、至死不渝的硬汉形象，也有革命同志间的纯洁友谊、日常生活的兴趣爱好等，这些都会有利于加强大学生对红色文化的正确解读。

四是过于注重理论灌输，对学生的启发和引导较少。当代大学生思想积极活跃、具有强烈求知欲望和成才愿望，同时也正处在世界观、人生观、价值观发展和成熟的重要时期，接受新事物的能力强，敢于思考和尝试，因此在教育过程中要把握学生的成长规律，尊重大学生自我主体和个性独立意识的发展，如果对大学生一味地强行灌输，容易造成教育的低效和失效，最终造成学生的反感和抵触。84. 9%的受调查大学生认为现有的“我讲你听”的教学方法忽略了学生独立思考能力的培养，没有充分发挥学生的主观能动性，也未能充分调动学生主动学习的热情和积极性。同时在灌输理论知识时没有把知识的传授与学生的心理需求和情感需要相结合，教育方法过于机械化、教条化，学生掌握理论知识并不意味着能够熟练运用和解决实际问题，因而需要教育者关心学生学习生活中遇到的难题，培养学生灵活运用所学知识解决问题的能力。

（二）社会实践流于形式，浮于表面

理论要运用到实践，知识应用到生活中才是有意义的。红色文化是中国共产党在革命、建设和改革过程中的历史积淀，本身就是实践的成果。“各高校正是将红色文化资源融入实践育人，充分发挥学生的主体性作用，让学生身临其境，凭借情感、直觉、灵性等投入实践之中，去发现、去感受、去体验、去思考、去领悟，使学生的学习能力、实践能力和创新能力都得到提高，从而实现学生的全面发展。”调查显示：各高校普遍组织一些红色文化实践活动，比如参观革命纪念馆、去革命烈士陵园扫墓等。将红色文化融入实践育人中去是红色文化育人的主要方式，是学生加深认知红色文化精神、提升理论运用能力、增强实践动手能

力的重要环节。我国红色文化资源丰富，分布广泛，一些战争遗址、革命人物故居、烈士纪念馆、革命纪念碑等都作为大学生爱国主义教育的实践基地。调查显示，高校红色文化实践教学还存在一些不足，60.1%的学生反映实践活动形式老旧，不够新颖，未能引起他们的兴趣；72.9%的大学生认为实践活动大多流于形式，为了完成上级的任务而实践，实践活动大多只是走过场，拍个集体照片，不重视挖掘和提炼红色文化资源的实质性内涵，忽视了实践教育活动的目的是更好地把红色文化精神入脑入心；75.4%的学生反映高校在红色文化教育实践活动中只是简单组织学生参加，瞻仰革命纪念馆、参观名人故居等往往只是走马观花、浅尝辄止，并没有深入地了解和体会红色文化的精髓，而且缺少专业教师对红色文化精神进行现场实践教育，不注重让学生思考参观后的感悟，学生也没有把红色文化内涵融入于自身的知识体系当中，造成“有活动却无体会”的现象。比如每年的三月各高校都会组织学习雷锋的系列活动，但往往是开展活动时热热闹闹，活动结束后就冷冷清清，没有把学习雷锋活动作为一项常态化教育来抓，这就容易让学生感觉学习雷锋只是形式大于内容的活动，雷锋精神也没有真正入心。调查结果显示，目前高校对红色文化实践教学的重视程度还不够、经费来源有限，投入不足，造成红色文化育人“重理论、轻实践”的局面。而即便有实践环节，也只是在重要节日、纪念日举办一些实践活动，平时革命纪念馆、烈士陵园等爱国主义教育基地，少有人去，红色文化资源未能有效利用，造成了资源的浪费，客观上不利于红色文化的传承和弘扬。这种一阵风似的活动扭曲了红色文化的宣传教育，让教育陷入形式主义，流于表面，缺乏应有的深度。因此，开展红色文化教育实践活动必须坚持常态化，注重实效性，才能使学生在教育过程中受益匪浅。

（三）当代价值认知不足，一知半解

针对大学生对红色文化所蕴含的价值理念了解程度的调查，64.3%的大学生认为自己对红色文化价值理念停留在感性认识层面；仅有25.4%的大学生认为自己已经达到理性认识的高度；还有10.3%的大学生模棱两可。调查结果显示出目前大学生虽然对红色文化的认同程度较高，但对于红色文化深层次理解却不理想。大学生对红色文化感性认识普遍较多、理性认识往往不足，存在对红色文化的当代价值认识不足的问题。

针对红色文化的价值体现的调查，87.8%的大学生认为红色文化是革命战争年代中国共产党带领中国人民实现国家独立、民族解放的奋斗历程中形成的先进文化，是在物质匮乏、环境恶劣的条件下，中国人民自力更生、艰苦奋斗，取得了革命胜利的精神财富，可见大学生对红色文化的历史价值还是充分认可的。52.7%的大学生认为弘扬红色文化有利于提高国家文化软实力和国际竞争力，增强文化自信和国家综合实力；49.6%的大学生认为红色文化所蕴含的爱国主义精神、集体主义价值观、艰苦奋斗、无私奉献的革命精神依然是引领当代中国前进的主流文化，在社会不断发展、文化多元化的今天，红色文化仍旧历久弥新，是人们坚定理想信念的动力来源；41.4%的大学生认为红色文化蕴含着的丰富精神品质能够满足自己的精神文化需要，虽然产生于革命年代，却与时俱进，焕发新的生机与活力。调查结果表明，虽然有近半数的大学生认识到红色文化的当代价值，但比例远小于对红色文化历史价值的认知，这说明有一半的大学生没有用发展的眼光看待红色文化，没有认识到红色文化的精神内涵随着时代的发展而不断丰富完善。

“人们的思想和感情并不是偶然出现的，它是在一定的社会环境中必然产生的，社会环境是人们精神生活的载体，它或正面或反面地反映在个人的‘思想情

感’上面，反映在代表这一社会阶级或那一社会阶级的利益上面。”大学生尚处在成长阶段，心理和思想观念还未成熟，容易受到外界的影响，社会环境的变化会引起大学生价值观的变化。社会经济快速发展，外来文化和西方思潮的涌入造成文化多元化，价值取向多元化，大学生容易受到西方错误思想的干扰，享乐主义、利己主义有所抬头，艰苦奋斗、乐于奉献的优良作风受到削弱，这些都给高校红色文化育人工作带来新的挑战。如果大学生不能对红色文化的当代价值蕴含有着深刻的理解，还用停止的眼光看待红色文化，往往容易造成大学生错误地认为红色文化只适用于革命历史时期，不适于当今时代，认为红色文化没有用，已经不能解决实际问题。长此以往，不仅会削弱大学生继承发扬革命优良传统的积极性，使大学生对红色文化的价值产生怀疑和矛盾，也给西方错误思潮侵蚀大学生思想观念提供了可乘之机。

高校思想政治理论课是高校宣传红色文化的主渠道。针对大学生上思想政治理论课的最主要原因的调查，37. 6%的大学生是出于对学校规章制度以及修满学分的考虑，学习的目的只是为了追求高分，应付教师的课堂纪律考评；35. 1%的学生认为思想政治理论课是学业必修课，若不能完成会直接影响毕业；15. 5%的大学生认为思想政治理论课的学习有利于自己备战考研，所学内容与政治考研的知识点考查直接相关；仅有 11. 8%的大学生出于对提升自身素质培养的考量，认为思想政治理论课的学习有利于自己人文素养的培养和塑造。调查结果表明，作为大学生获取红色文化知识直接来源，思想政治理论课并没有得到学生的高度重视，学习的目的突出功利性，动机不端正，学生并不关心在课堂学到哪些知识。这也同时说明大学生未能正确全面认识红色文化蕴含的价值内涵，对红色文化的当代价值认识不足，或是受到外部压力学习，或是出于功利性考虑学习。正确认识红色文化要从历史价值和当代价值两方面辩证统一看待，“以红色文化为核心的历史文化共同记忆，已经成为国人对近代中国革命、建设、改革成就的集体共识，也会成为国家未来发展的核心价值观念，它将为中华民族的伟大复兴提供源源不断的精神支持，并将对人类社会未来的发展进程作更多的价值指引”。

第三节　红色文化育人可行性路径

一、构建红色文化育人机制

为了使红色文化育人工作制度化和规范化，高校应当制定规章制度，创新体制机制，将教育的短期规划和长期规划相结合，校内不同部门、不同专业的教师加强协调，学校、社会、家庭之间加强配合，促进红色文化育人工作的常规性和长效性。同时，高校要根据上级部门新的文件精神，校内外环境新的变化，大学生成长新的特点，及时修订完善学校已有的相关规章制度。

（一）完善育人教学机制

高校要结合本校实际，从顶层设计着手，根据国家和教育部发布的相关法规，制定和颁布推动本校红色文化育人的指导意见或者实施方案，实行全员育人，全过程育人。红色文化育人工作的深入开展离不开高校领导的重视。高校要“建立党委统一领导下的大学生红色文化教育体系。健全的领导和管理体制，是加强和改进大学生红色文化教育的基础和前提”。高校红色文化育人需要利用思想政治理论课这个主渠道、主阵地，利用思想政治理论课课堂教学、实践教学对当代大学生进行红色文化教育。

制定完善的教育队伍培训机制。高校教育者是红色文化育人的引导者，其自身能力素质的高低直接影响受教育者学习红色文化的效果。因此，各高校要制定科学系统的培养计划，将红色文化融入师资队伍建设，加强对教育者队伍红色文化知识的培训，增强教育者在思想政治理论课上熟练运用红色文化专业知识进行课堂教学的能力。

制定完善的教育信息反馈机制。考试是学校了解学生掌握红色文化程度的传统方式，但是考试本身既有反馈速度不及时的天然缺点，同时也不能全面科学地掌握学生学习的情况，一些思想政治理论课科目采用开卷考试，并不能真实反映学生的水平。因此，建立有效的教学信息反馈机制尤其必要。教育者在教学过程完成后，可以采用无记名的方式让学生对课堂教学的不足之处提意见，或是课堂教学完成后及时进行小测验，或是采取分小组合作报告的形式汇报研究成果等，通过多种方式、多种渠道能及时掌握受教育者对红色文化知识学习情况，因材施教，采取差异化的教学方法，对掌握知识程度低的学生采取有针对性的教育方法，增强红色文化教育的实效性。同时，教育者也能从学生的反馈信息中及时总结教学内容和方法的不足，积累教学经验。

制定完善的教育评估机制。红色文化教育评估机制就是对教学效果做出评价，分析整个教学过程是否按照教学计划取得目标效果，是否激发了学习学习的兴趣。一些高校评估考核机制不健全，教学质量不高，一些问题长期存在得不到改正。高校应成立人员队伍组成丰富的教学督导小组，定期走访课堂，对教师教学进行督导，采取听课、记录、课后反馈等形式对教学过程进行评估，重点对教师的教学态度、教学方法、教学成效进行考察。评估体系的建立使高校对教师、学生以及整个教育过程深入理解，及时监督教学质量，做出科学合理的评估，对教师课程教学存在的不足提出有针对性的意见，对学科的教学方案做出适当调整。

推动教学课程体系改革机制。思想政治理论课是高校红色文化育人的主渠道，但不能成为唯一渠道。红色文化要融入高校文化建设，融入其他专业课程，融入社会实践教学中，拓宽大学生红色文化教育渠道。大力推动以“课程思政”为目标的课堂教学改革，增强专业课程的育人功能，建立“大思政”的工作理念，推动课程体系改革，梳理各门专业课程所蕴含的文化教育元素和所承载的文化教育功能，深入发掘蕴含在各门课程的红色文化教育资源，结合专业的学科特色，利用学科渗透模式围绕红色文化开展有意义的教育活动。例如美术专业可以结合当地的红色文化资源，通过画笔描绘革命场馆、革命遗迹遗物等；外语专业可引导学生可对红色经典书籍进行校对翻译，通过这些与专业素质培养相关的活动不仅能增进学生对专业所学知识的融会贯通，也能加深对学生对红色文化价值理念的理解，同时对红色文化资源的保护、利用、开发也有一定的促进作用。“遵义师范学院依托红色经典艺术教育师范基地，积极推进红色经典教育的课程体系改革，把一些专业主干课程纳入校级精品课程及省级精品课程的建设目标，开发红色经典艺术教育的选修课程，音舞学院主编了《红色经典艺术教育高师声乐作品》用于课堂教学，增加了专业选修课‘红色经典音乐文化赏析’。美术学院‘书法’课程中加入了《毛泽东草书艺术赏析》等红色艺术教育内容。”

推进实践教学规范机制。通过制定相应制度保障红色文化育人实践活动的顺利开展，使实践教育规范化、制度化，提高实践教育计划的科学性和可操作性，为红色文化资源融入思想政治理论课实践教学提供制度保障。让教师到实践基地现场教学，使学生对红色文化的感性认识上升为理性认识，督促教育者提高教学质量，杜绝实践教学流于形式，应付了事，让学生带着目的参加实践教学，形成红色文化教育课程教育和实践教育相辅相成的态势。红色文化育人也要坚持“三贴近”原则，要全面深化教育方式改革，积极探索红色文化的专题式教育模式，切实提高红色文化教育的针对性和实效性。寒暑假期间组织学生开展社会实践，深入红色文化资源丰富区域开展调查，加深大学生对红色经典文化的了解。

健全党团组织工作机制。在高校红色文化教育体系当中，党课、团课、党团活动也是育人的重要渠道。在党课、团课培训过程中，书记、校长要带头上党课、上团课，把红色文化融入党课、团课培训中，让学生在党课、团课中吸收更多的革命知识，进一步了解党的光辉历史，激发学生的爱国情怀，传承和弘扬革命精神。要把红色文化融入党团活动和党团自身建设中，基层支部利用节假日，组织党员参观革命纪念馆、烈士陵园、革命人物故居等革命传统教育基地，缅怀革命先烈、重温入党誓词，学生党团组织要积极开展一些大学生喜闻乐见的红色文化主题活动，使大学生在红色文化实践体验活动中受教育、受熏陶，在浓郁的红色文化氛围中强化理想信念。

（二）建立育人联动机制

构建学校、社会、家庭“三位一体”的相互协调、相互合作的工作机制，这种联动的育人模式能够有效避免高校单一模式下育人效果不足的缺点，调动校外红色文化资源，综合利用各方面的力量，形成目标一致的合力协助高校共同推动红色文化育人工作，实现全方位、多渠道、立体化的综合育人效应。

高校各部门、各学院之间首先要明确职能、理清职责、合理分工、加强协调和配合，同心协力做好红色文化育人工作。着力构建校园各部门，各学院间联动机制，加强彼此之间的信息共享，完善合作渠道。高校党委和领导班子要高度重视红色文化教育，党委书记和校长要旗帜鲜明地站在意识形态工作第一线，共同担负起巩固马克思主义在意识形态领域指导地位的责任。高校党委宣传部、组织部要落实牵头人的作用，根据学校实际情况制定可操作性强、具有特色的育人计划和方案，学生处、团委等部门之间，各学院之间要加强合作，落实各自职责，共同推动学校红色文化育人工作的开展。不同学院、不同专业甚至是不同学校之间都可以通过学术研讨会、公开课、名人讲座、学术报告等各种平台实现不同学校、不同专业之间的成果交流、资源分享，共同推动红色文化深入学生。各高校之间加强交流合作，互相学习和借鉴彼此的育人工作经验。“遵义师范学院采取学科联动方式把红色资源融入各专业建设实践教学之中，在创作和演绎‘四渡赤水出奇兵’舞台剧的过程中，马克思主义学院高屋建瓴地提出选题的高度，音舞学院因地制宜地设计出舞蹈形式与舞美音乐，美术学院大气恢弘地设计舞蹈背景，体育学院科学有效地配合音舞学院组建参演队伍等，通过不同学院和学科的相互联动，努力实践，方成正果。”可见只有各部门、各学院之间发挥自身的优势，突出自身的特点，做好本职工作，支持其他部门、学院育人工作，才能发挥红色文化育人的最大效能。高校要发挥全员育人的优势，学校教师及工作人员要以身作则、言传身教，以良好的师德、思想、学识、人品给大学生以潜移默化的影响，实现红色文化育人思想政治理论课与专业课程，思政课教师、辅导员与专业课教师、工作人员的有机统一，形成齐抓共管的合力。高校各部门要把红色文化教育融入学生课程学习、社会实践的各个方面，积极营造校园红色文化氛围，开展校园红色文化活动。

红色文化育人的有效实现光靠高校还远远不够，需要学校和社会加强合作，合力推动。政府和教育部门应整合区域内的红色文化资源，为高校充分利用当地的红色文化资源提供经费和制度保障。红色文化资源属于不可再生的文化资源，很多具有研究价值的革命战争遗址遗物、革命人物故居面临消失的危险，亟须保护，高校可以配合政府部门加快保护和整理红色文化资源的步伐，利用现代数字化科技增强对红色文化资源的保护，以文字、图片、音频、视频等形式对文化资源进行整理和储存。政府要加大力度监管文化市场，坚决抵制娱乐红色历史，不允许歪曲革命历史事实，污蔑革命领导人，鼓吹西方价值观的影视作品出现在大学生的成长环境中。红色文化的市场开发，市场要提高责任意识，加强自律，同时一些影视公司可以与高校建立合作机制，加强与高校红色文化研究机构的合作，与高校学者红色文化研究的成果相对接，多出一些还原真实历史情境、弘扬革命正能量的经典红色历史正剧。高校可以与地方政府部门签订合作协议，建立合作机制，成立一些有利于大学生了解红色文化的场所。“高校宣传部、学工部、思政部、团委等职能部门协同地方党委宣传部门、文化部门，联合建立相互协调、紧密配合、齐抓共管的青年红色教育协同中心，负责红色教育目标制定、开发实施、评价反馈等工作，确保红色教育有序有效推进。”高校还可以依托当地的红色文化资源，加强与地方党史部门、档案馆、纪念馆、博物馆的联系与合作，签订合作协议，建立爱国主义教育和革命传统教育基地以及专业实习社会实践基地。“高校党委、学工处、团委和思想政治理论课教学部等职能部门要主动挖掘本校及周边区域红色教育教学资源，与当地及周边红色革命教育基地挂钩签约，确立双方互动共建关系，把这些红色教育基地作为高校开展红色教育教学的实践基地。”政府部门和社会各界也要树立责任意识和担当，为高校红色文化育人提供必要的条件和便利，传播主流价值观，传递正面文化信息，旗帜鲜明地抵制反党反人民、宣扬西方价值观、鼓吹历史虚无主义等错误言行，为大学生营造良好的文化氛围。

高校红色文化育人也离不开家庭教育的支持。家庭成员要重视与配合学校对学生红色文化价值观的培育，不能学校和家庭所灌输的理念相背离，两张皮，否则学校红色文化育人的信服力和有效性会大打折扣。高校可在学生入学时召开家长会，向家长宣传学校意识形态教育的重要性以及正面的家庭教育对学生成长成才的重要性。同时学校也可以利用现代传媒科技的发展，让家长关注学校以及各专业学院的微信公众号，平时抽空多浏览学校的官方网站，及时了解学校的各项教育活动，使家长成为高校红色文化育人工作的好帮手。

无论是学校、社会或是家庭，在相互配合推动红色文化育人的过程中，要细化各自职责，明确分工，实现学校内部不同部门之间的协同，学校与校外资源的联动，建立起全方位覆盖、全过程渗透的育人工作机制，形成目的一致的强大合力，推动高校红色文化育人工作的开展。

（三）制定育人长效机制

高校红色文化育人不是一时活动，而是一项长期系统的工程，是学校的常态化工作。因此，高校建立红色文化育人长效机制，要把校园红色文化建设纳入学校的发展规划和文化建设中，制定科学完善、行之有效的长期发展规划。

高校红色文化育人要注重教育过程的常态化和制度化，只有具备相关制度的保障，才能把红色文化教育转变为可操作性的教育实践，把教育的指标转变为硬性制度规定，从而使学校各部门、各学院重视红色文化教育，使红色文化能够满足大学生的日常精神需求，充分发挥红色文化的育人功能。近些年来，一些高校在建立红色文化制度保障方面取得了一些成效，对推动学校红色文化教育发展发挥了重要的促进作用。“一些地处革命老区的高校将红色资源教育教学的实践又大大推进了一步，即将红色资源教育教学融入学校的人才培养方案，制定教学计划，规定学时学分，开发基于红色资源教育教学的校本课程，编写相应的校本教材，组建独立的教学科研机构，配置专业教师等。”但是，仍然有一些高校的红色文化育人长效机制还不够健全，红色文化教育不能够持续性地开展，特别是有些高校红色文化教学制度的原则性要求多、实践性和可操作性不强，直接影响了红色文化教育的质量和效果。因此，加强大学生红色文化教育要着重抓好育人的长期发展规划和制度保障机制建设，发挥制度保障机制的引导、敦促和激励作用，使制度保障机制真正成为红色文化育人的重要保障。

高校在校内进行红色文化育人的过程中，离不开决策协调、实施引导、激励保障机制的构建。一是构建决策协调机制。高校要明确当代大学生需要什么样的红色文化育人形式以及怎样满足大学生对红色文化精神的需求，这为高校实施育人工作提供了决策依据。社会发展日新月异，学生在学习、工作、生活中的需求也在不断变化，这就需要高校建立对学生实际需求分析的长期跟踪机制，借助与思想政治理论课教师、辅导员的交流，学生干部的沟通，校园信息平台数据的分析，把握大学生的思想动态。高校要建立党委统一领导和各部门之间齐抓共管的育人工作机制，明确各部门、各学院的职责和分工，协调育人资源的分配。二是构建实施引导机制。通过制度体系的制定规范和明确教师、辅导员、党团组织、学生组织在红色文化教育中的责任，督导红色文化的课堂教育、实践教育。引导教师和学生广泛参与红色文化的实践活动，鼓励学生积极参加校园红色文化活动，运用现代传媒技术建立多种红色文化宣传平台，引领校园红色文化蓬勃发展。三是构建激励保障机制。建立健全红色文化教育的激励机制，通过各类活动比赛、人物评比，给予大学生奖金、奖品、奖状证书等物质奖励和精神奖励，激发大学生学习红色文化的精神动力。对红色文化教育队伍中的先进工作者给予表彰，增加教育者的工作成就感。高校红色文化育人工作的顺利开展离不开制度、资金、技术等方面的保障。因此，学校要加大资金投入，修订和完善已有的规章制度，及时更新教学技术设备和校园基础设施，确保高校红色文化育人工作的顺利开展。

在与校外政府部门、科研机构、教育实践基地的合作中，高校要与这些校外资源建立长期稳定的合作协议，双方的合作不能只是一时兴起或者昙花一现，而是要为大学生搭建可靠稳定的教育实践平台，保障红色文化教育实践活动的长期进行。比如高校不仅要在纪念日、节假日与实践基地加强合作，更要在平时的日常教学过程中，有计划、有目的地定期组织教师和学生到实践基地参观学习，把学习活动用制度固定下来，形成学校文化育人的特色工作，避免出现革命纪念馆、革命烈士陵园等场所节日里人来人往，平时门可罗雀的现象，充分利用红色文化资源的育人功能，使实践教育基地成为学生常去的第二、第三课堂。

高校将红色文化融入大学生的日常教育中，形成常态化的、长期性的教学实践绝非易事，“这需要从政策扶持、经费投入、师资力量、教学条件、文化环境等各方面统筹协调，订立制度和规矩，还要扫除一切主客观障碍和束缚，极大地释放校园红色文化生产力，为长期科学实施红色文化教育提供源源不断的动力。”通过建立红色文化育人长效机制，做到育人常态化，切实把红色文化育人贯穿于大学生学习教育的全过程。

二、增强红色文化育人实效性

习近平总书记指出：“思想政治工作从根本上说是做人的工作，必须围绕学生、关照学生、服务学生，不断提高学生思想水平、政治觉悟、道德品质、文化素养，让学生成为德才兼备、全面发展的人才。”提高红色文化育人的实效性，必须把红色文化教育与社会实际相契合，与大学生的思维发展相契合，适应学生思想观念的变化，帮助大学生确立和实现理想目标。要针对大学生成长阶段所面对的具体思想问题，既要通过理论说服教育来解决，也要结合实际问题，通过帮助解决大学生在学习、生活和成长成才等方面的问题，使大学生相信红色文化所蕴含的科学理论、价值理念能够帮助他们解决现实生活中遇到的难题。要尽量引导大学生保持对社会现实的全面、正确的认识，使其能把个人理想和社会需要相统一，把个人抱负与追求引向同社会和人民利益需要相结合，把个人理想融入社会理想之中，用自己的努力奋斗实现自己的人生价值。

（一）理论性与实践性相结合

理论和实践相结合可以解决当前高校红色文化课堂教学中过于重视理论

灌输，忽视对学生的启发教育以及教学内容与学生实际生活相脱节的问题。大学生喜欢生动活泼的红色文化教育，迫切要求坚持理论与实践相结合。许多高校成功的教育实践也证明，红色文化如果不与现实相结合便是空头理论。现在的大学生并不是不喜爱红色文化，也不是不关心理论，只是他们对单调的理论说教不感兴趣。这就要求红色文化教育在注重理论灌输的同时，还要坚持理论与实践的统一，这主要体现在两个方面：一是红色文化教育绝不能单就理论讲理论，应从人文历史、社会经济的结合上还原红色文化的本质内涵，引导大学生透过现实生活中看得见、摸得着的红色文化资源，去理解和感受中国革命的历史进程、优良的革命传统和深厚的文化精神，加深大学生对红色文化丰富内涵的理解把握。要通过丰富多彩的红色文化实践活动，增加活动形式，丰富文化的载体，让大学生在潜移默化、耳濡目染中感悟真实、得到启迪、获得成长。二是红色文化育人要正视并正确回答大学生提出的疑问，解决他们的实际问题，理论只有运用于实践，解决问题才是有意义的。当代大学生受多元文化和价值观的影响，教育者在教育过程中听到不同的声音并不奇怪，这就需要教育者发挥引导作用，在平时善于总结大学生遇到的难点、热点问题，积累经验，在遇到不同看法甚至是错误见解时，能够从容不迫地对大学生做出正面、积极的解答，既体现教育者的引导力和影响力，也使得学生在主动交流沟通，在思想碰撞中接受主流价值观的洗礼，从而形成共识，产生共鸣。

教育者在阐述红色文化理论时需要把理论与实践相结合，以丰富的史实加强学生对理论的理解，及时回应学生的疑问，解决学生现实生活中遇到的难题。与此同时，红色文化产生于革命实践过程中，本身就是实践的成果。大学生一方面要加强红色文化理论学习，另一方面也要参与到实践活动中来。因此，红色文化育人不能游离于生动丰富的社会生活之外。实践教育基地是实践教学的基本保障，高校要重视红色文化实践教育基地的建设。实践基地拥有大量的体现民族精神和时代精神的红色教育资源，浓缩了革命先进文化和中华民族的理想与追求，高校可以在假期组织学生在实践基地开展夏令营、冬令营等活动，使大学生更加全面系统地介绍红色文化教育，让实践教育基地成为学生学习红色文化的第二课堂。“革命教育基地还可开设一些体验式、参与式教育项目，这既是品味老一辈革命者那段‘激情燃烧的岁月’的良好载体，又可增加红色资源教育的趣味性和可参与性，扩展红色资源的教育内容，达到寓教于游、寓教于乐、潜移默化的教育目的。”社会实践是课堂教学的重要补充，高校可在寒暑假期间组织学生深入红色文化资源丰富的地区开展调研；组建以红色精神为主题的宣讲小分队赴社区宣讲；开展“三下乡”实践活动，走进基层、走进农村，亲身体验中国社会发展的历史与现实，正确定位自己的社会责任。此外，还可以把红色文化学习与学雷锋活动、志愿者活动、主题班会、入党入团仪式等结合起来，在实践中学习革命精神，用民族英雄人格魅力鼓舞自己，用中国梦来引导自己自觉树立远大理想，感受体会新时代的中国精神。高校只有将红色文化育人扎根于生动的实践活动中，让大学生在践行红色文化的过程中体悟红色精神，才能进一步提高红色文化育人的效果，使当代大学生继承革命先烈遗志，展现新时代大学生的光彩。

（二）内容性与形式性相结合

高校红色文化课堂教学和实践教学在注重红色文化精神内涵教育的同时，也要注重教学形式和活动形式的丰富性和多样性，这样才能解决高校红色文化育人工作中课堂教学过程枯燥单一、实践活动缺乏吸引力的问题。加强大学生红色文化教育，要始终弘扬马克思主义意识形态主旋律，培育和践行社会主义核心观。红色文化承载着中国共产党领导下的波澜壮阔的革命史、艰苦卓绝的斗争史、可歌可泣的英雄史，是一笔非常宝贵的精神财富。弘扬红色文化，传承革命精神，是高校培育大学生社会主义核心价值观的重要手段。

红色文化教育要有强烈的感染力，在表现形式上要增强“时尚性”，贴近学生，贴近实际。教育者在红色文化课堂教学过程中要改变枯燥说教、教育模式单一的缺陷，除了讲授式教学模式以外，在教学模式上还可采取音像式教学、参与式教学、体验式教学、研究式教学等丰富的教育手段。课堂多媒体技术已经普及，思想政治理论课教师在讲授革命历史知识时可以“通过利用虚拟技术，融声、光、电、影等现代技术手段为一体，将史实以图片、音频、视频和动画等方式搬回到了讲堂，让学生如同身临其境，视觉和听觉都受到了震撼，对学生的感染和冲击非常强烈”。现代科技技术与传统课堂教学相结合可以寓教于乐，让学生在体验中深刻领会红色精神的真谛，潜移默化中加深对红色精神的理解。现代技术的发展的确可以提高课堂教育的吸引力，但一部分教师只在公开课、教学比赛时才会使用，往往是公开课精彩纷呈，理念先进，模式新颖，日常上课却依然是模式守旧、单调乏味。公开课与常规课的两张皮现象也说明有时并非教育者不懂得提高课堂教学的吸引力，而是不能持之以恒。因此教育者要提高责任意识，不仅要认识到丰富课堂教学形式，提高趣味性、感染力的重要性，还要付诸行动，切实提升教学质量。

教育部2017年底颁布的《高校思想政治工作质量提升工程实施纲要》中指出：“挖掘革命文化的育人内涵，‘实施革命文化教育资源库建设工程’，开展‘传承红色基因、担当复兴重任’主题教育活动，组织编排展演一批以革命先驱为原型的舞台剧、以革命精神为主题的歌舞音乐、以革命文化为内涵的网络作品；有效利用重大纪念日契机和重点文化基础设施开展革命文化教育。”因此，高校红色文化育人实践活动要以创新、新颖的艺术形式根植于大众视角，运用大学生喜闻乐见的形式和手法，激发大学生的兴趣，提高红色文化的感染力和吸引力。高校红色文化育人实践活动要打破形式主义的弊端，不能只是走马观花似的参观一遍革命纪念场馆，却毫无感悟，这种应付差事的实践活动不仅未能让学生接受革命精神的熏陶和教育，还会让学生产生反感情绪。红色文化育人的方式多种多样，只有不断创新形式，教育者认真投入教学环节中，才能取得良好的实践教学效果。实践活动本身能打破课堂教学时空局限，在参观革命纪念馆，去革命教育基地学习的同时，教育者还可以在现场组织演讲、朗诵入党入团誓词重温入党入团仪式等多种形式，进一步巩固和加强大学生对红色文化的理解。教育者在实践教学过程中既要陪同学生一起学习，组织一次现场教学，讲解革命故事，分析革命理论，也要留出自由时间让大学生自我组织学习红色精神，发挥学生的主观能动性。在实践结束后，学生可以通过写感悟体会、拍微电影、手绘画、访谈录、照片展等丰富多彩、表现力强的形式反映所学所得，巩固对中国革命精神的领悟。

同时必须要注意的是，增强红色文化形式表现上的“时尚性”并非去刻意迎合大学生的兴趣点，而降低红色文化的权威性，更不是歪曲中国革命的历史，使红色文化“娱乐化”。促进红色文化教育形式的时尚化，不仅要让红色文化研究成为学校和社会的热潮，也能够让弘扬红色文化流行于大学生群体之间，成为一种时尚，使大学生不再认为红色文化已经过时，或是认为红色文化“乡土气息”过重。

（三）历史性和时代性相结合

高校红色文化教育过程中要注重引导学生辩证统一地认识红色文化历史价值和当代价值，解决当前大学生对红色文化当代价值认识不足的问题。同时高校也要认识到当前大学生知识需求以及心理需求的变化，科学合理地采用正确的教学方法，满足新时期大学生实际需求和价值追求。

历史事实当然不容改变，然而对红色文化的解释和认识却应随着时代的发展、理论的进步，不断与时俱进，而不能永远停留在某个层次的认识水平上，这就是红色文化的时代性。红色文化产生于20世纪，在不同的历史时期形成了丰富的内涵，呈现出多样的特点。高校在红色文化教育时，要善于从红色文化精神的传承角度出发，使大学生从动态的思维看清红色文化的发展，在红色文化发展的历程中挖掘精神实质。大学生如果以静态、停滞的眼光看待红色文化，就不可避免地局限于只看到红色文化的历史价值，造成对红色文化当代价值认识不足，因而会错误地认为红色文化是一种过时的文化，只适用于革命战争年代，不适用于和平年代。对红色文化教育要坚持历史性与时代性相结合，用与时俱进的眼光科学地认识红色文化，引导大学生正确认识红色文化的历史价值内涵和当代价值内涵。红色文化教育要坚持古今结合、相得益彰，高校在运用红色文化育人的过程中，不应把红色文化与其他文化割裂开来。红色文化起源于中华优秀传统文化，同时又是社会主义先进文化的基础，因而在红色文化教育过程中，应当以历史性与时代性的辩证关系看待红色文化，使大学生了解中国特色社会主义文化的三个维度：中华优秀传统文化、革命文化和社会主义先进文化之间的联系，从而有利于大学生更好地理解红色文化蕴含的精神价值。

“事实证明，大学生对任何红色文化的认识都不是一次完成的，而是经过多次的探求认知，从肤浅到深刻、片面到全面、错误到正确，逐渐完成的。”高校教育者在红色文化育人过程中要耐心引导学生回到正确的认知路径上来，深入发掘红色文化中的历史人物故事，同时又紧密联系现代社会，找到红色文化精神在现实生活中的投射，使大学生明白红色精神代代相传，经久不息。要使大学生在红色文化育人过程中既正确审视中华民族近现代历史所遭受的苦难，又能从革命先烈坚定的理想信念中领悟到只有将革命精神世世代代传承下去，应用于中国特色社会主义的伟大实践之中，才能创造更美好的未来。大学生在接受红色文化教育时，教育者要注重启发式教育，红色文化不是凭空产生的，革命年代特殊的历史环境是红色文化的孕育产生的土壤，随着时代的变化，红色文化的内涵也在变化，不断丰富，因此，大学生要由浅入深、由表及里、由现象到本质地研究和学习，才能发现红色文化的核心精神并不会随着时代而改变。比如艰苦奋斗的作风在不同历史时期的表现形式上的确不同，但其提倡的不奢侈浪费的精神本质未曾发生改变。只有从历史和时代相结合的角度审视红色文化，大学生才能更好地理解红色文化的价值内涵，才能产生时代的共鸣。

教育者在教育过程中也要认识到当代大学生对红色文化的认识必然要受其所处时代的制约，他们无法切身体会到战争时期物质极度匮乏的艰辛。经济基础决定上层建筑，随着社会经济的发展，大学生的思想观念也会随之改变，呈现更加多元化的特点。“当代大学生大都是在改革开放以后出生、成长的一代，物质充裕，生活条件优越，对于先辈的奋斗历程缺乏切身的感受。”教育者要清楚认清这些变化，在红色文化教育过程中，既要认识到红色文化随着时代的变化被赋予新的内涵，同时也要看到当代大学生思想、心理、行为的变化，要深入分析大学生成长发展新的规律，根据教育对象的特点，融合体现时代特色的教育内容和教育方法，不断满足大学生的实际需求和内在价值追求。

第七章　提升高校文化育人时效性对策

第一节　精神文明及物质文明实现策略

高校精神文化是高校文化的核心和灵魂，也是高校文化中最本质、最核心的部分。高校文化育人的实现，离不开高校精神文化育人作用的发挥。其中，思想政治理论课蕴含了高校精神文化育人的方向；大学精神、校风、学风和教风是高校精神文化育人的重要方式和手段；社会主义先进文化既是高校精神文化育人的内容，又能够为高校精神文化育人的实现提供支撑。

一、加强思想政治理论课建设，引领学生的价值取向

高校思想政治理论课包括马克思主义基本原理、毛泽东思想和中国特色社会主义理论体系、中国近现代史纲要、思想道德修养和法律基础、形势政策以及当代世界经济与政治等内容，是具有中国特色的理论结晶，是我国意识形态的直接反应，是高校精神文化的重要组成部分，是高校精神文化育人的旗帜和方向。价值取向是指价值的判断标准以及选择的倾向性。伴随着全球化的发展，互联网的繁荣，不同文化间的交流和碰撞愈来愈激烈，我国也逐渐形成了一元主导、多元发展的文化格局。学生在多元文化格局中，同时受经济、政治等宏观因素和学校、家庭等微观因素的影响，价值评价标准、价值选择、价值实现途径多样化，价值取向也越来越多元。思想政治理论课作为引领大学生价值取向的主阵地、主渠道，应着力发挥对大学生的世界观、人生观、价值观的导向作用。近年来，高校充分认识到思想政治理论课在引导大学生价值取向过程中的重要性，不断改进思想政

治理论课建设。但在建设的过程中，仍不同程度地存在学科基础薄弱、课程内容重复、教材质量参差不齐、教学方式方法单一等问题。高校要针对思想政治理论建设存在的问题，通过各种手段，如组织编写教材、完善课程体系、改进教学方式方法、推进学科建设等，进一步加强思想政治理论课建设，夯实引导大学生价值取向的基础。同时，高校在加强思想政治理论课建设的过程中，要把握两个核心问题：第一，要高扬社会主义核心价值体系主旋律，并将其贯穿于思想政治理论课建设。作为社会主导的价值标准，社会主义核心价值体系是社会主义意识形态的本质体现。高校要将社会主义核心价值体系教育贯穿于加强思想政治理论课建设的各个环节、各项措施中，不断增强社会主义核心价值体系这一具体价值标准的说服力、感染力、影响力，引导大学生复杂多变的环境中做出正确的价值判断和选择。第二，高校要将加强思想政治理论课建设与倡导社会主义核心价值观相结合。社会主义核心价值观是指在社会主义核心价值体系中起指导作用、居统治地位的价值观念，是引导大学生价值取向的终极目标和要求。高校要在加强思想政治理论课建设的过程中，明确引导大学生价值取向的方向和着力点，紧握社会主义核心价值观，把思想政治理论课作为倡导“富强、民主、文明、和谐；自由、平等、公正、法治；爱国、敬业、诚信、友善”的主要手段，把社会主义核心价值观作为思想政治理论课的重要内容，最终树立起社会主义核心价值观这一价值目标和追求，指明大学生价值取向的正确方向。

二、弘扬大学精神，提高学生的人文科学素养

大学精神是高校发展过程中所形成的特色和风貌，是高校价值追求的高度凝练，是高校赖以生存和发展的动力源泉。大学精神是指在大学发展过程中形成和沉淀下来的独立精神、自由精神、人文精神与科学精神等。高校文化育人，着眼

于提升大学生以人文科学素养为基础的综合素质。其中，人文素养着重对人的关注，科学素养着重对真理的追求。当前，高校受市场经济的冲击，批量生产市场需要的“商品”，弱化“人的价值”，大学精神低迷，培养出的人才尤其缺乏人文科学素养。因此，高校要弘扬大学精神，一方面要着重弘扬以人为本为本质的人文精神。高校要加强文学、语言、历史、哲学、逻辑、艺术等基本人文学科建设，使学生关注“人”自身，并注重培养学生与古老文化传统的认同、语言理解和运用、反思能力和审美能力相关联的理想人性，使学生在理解力和批判力、智慧和德性、教养和文化等方面获得发展，提升学生的人文素养。另一方面，高校弘扬大学精神，要着重弘扬以追求真理为核心的科学精神。高校要开展科技教育和科技史教育，普及科学知识，宣传科学精神；要营造独立思考、鼓励创新的课堂氛围，培养学生的发散性思维、批判性思维和创造性思维；要鼓励学生多动手、多实践，多参与科学研究；要以促进学生树立科学意识、确立科学态度、掌握科学手段和方法为目的，促进学生追求真理，提升学生的科学素养。同时，弘扬大学精神，高校最终要实现科学精神和人文精神的统一，既要重科学，也要重人文，用科学精神充实人文精神的理性特质，用人文精神补充科学精神的人本取向，人文、科学二者并重，相辅相成、相得益彰，综合提高学生的人文科学素养。

三、培育良好的校风、教风和学风，提升学生的精神境界和道德修养

校风、教风和学风是一所高校精神风貌、个性气质的集中反映，它是学校师生在教育实践过程中普遍认可的、相对稳定的、具有道德意义的行为倾向，蕴含着高校的文化观念和价值追求。健康积极的校风、教风和学风可为学生精神境界和道德修养的提升提供有利条件。

高校要根据学校办学思想和理念，结合学校的历史传统和发展规划，充分挖

掘学校发展过程中的宝贵资源，营造积极、健康、向上的优良校风。要开展师德教育，完善师德规范，严格师德管理，宣传师德建设先进典型，建设志存高远、爱国敬业、严谨笃学、与时俱进的良好教风。要完善大学生行为规范，严格纪律管理，形成奋发向上、勤于学习、敢于创新的优良学风。总而言之，通过校风、教风、学风建设，形成对学生具有凝聚作用、陶冶作用、示范作用的氛围，提升学生的精神境界和道德修养。

四、传播社会主义先进文化，增强学生的文化自觉和文化自信

社会主义先进文化是指以马克思主义为指导思想，以培养有理想、有道德、有文化、有纪律的社会主义公民为根本目标，以民族的、科学的、大众的为基本特征，以面向现代化、面向世界、面向未来为发展目标的社会主义文化。社会主义先进文化既植根于中华民族优秀传统文化，又借鉴了有益于社会主义发展的外来先进文明成果。社会主义先进文化的精髓是社会主义核心价值体系。高校推动社会主义先进文化，能够使在学生在多元文化格局中，通过比较和鉴别，认识自己的文化，明白它的来历、特色和发展趋向，并肯定自身文化价值和坚定自身文化发展的信心，增强传承优秀传统民族文化，引领社会主义文化，借鉴和运用国外有益文化的自觉和自信。近年来，高校重视社会主义先进文化在高校的传播，努力担当推进社会主义先进文化的责任和使命，但有关调查表明，部分大学生对社会主义先进文化的认同度并不高，倘若没有基本的文化认同，文化自觉和文化自信便如无源之水、无根之木，无从谈起。因此，高校要继续进一步推进社会主义先进文化建设，增强学生的文化自觉和文化自信。第一，高校要完善马克思主义学科体系和教材体系，推动马克思主义进教材、进课堂、进头脑，并结合实际，使大学认识到马克思主义的科学性和对社会主义文化发展的重要作用，自觉地把

马克思主义作为指导思想；此外，高校还要努力开展马克思主义的理论研究及实践研究，促进其不断创新和发展，使马克思主义更具有吸引力、感染力和说服力，从而增强大学生对马克思主义的自信。第二，高校要增加传统文化教育的比重，在课程设置上，增开语言、文字、书法、美术、戏曲等传统文化方面的课程：在教学内容上，增加优秀传统文化如国学典籍、哲学等方面的知识；在教育方法上，要教会大学生辩证地看待传统文化，取其精华，去其糟粕；同时，高校要注重文化典籍的研究和开发，挖掘中华民族优秀传统文化这一精神宝库中的育人因子，综合增强大学生对中华民族优秀传统文化的自觉和自信。第三，高校既要引进国外文化的优秀成果，增加大学生的文化知识，开阔大学生的文化视野，又要批判国外文化中消极、落后的一面，引导大学生正确地看待外来文化，立足世界文化格局，增强文化自觉和文化自信。

五、抓好校园媒体建设，引导学生做出正确的信息判断

校园媒体是在高校内部，由高校主办，面向广大师生，以传递信息、服务学校发展和师生工作学习的一种特殊媒体，主要有校内广播、电视、校园网、宣传橱窗、校报、校刊等。校园媒体是高校进行思想教育、传递信息、传播文化和舆论宣传的重要平台。在校学生是校园媒体的主要受众，在信息多元化和高校开放化的背景下，校园媒体能利用自身的权威性优势，传播主流社会意识形态和价值观念，支持和肯定积极向上、正面健康的声音，抵制和批判消极负面、庸俗低下的声音，坚持正确的舆论导向，引导学生做出正确的信息判断。近年来，高校努力抓好校园媒体建设，不断完善媒体设备，并注重新媒体的使用，部分高校还开通了微博、微信，这些都是高校在媒体建设中值得肯定的一面。但高校校园媒体建设存在校园媒体间缺乏互动、校园媒体工作人员专业素质不高、校园媒体缺乏

与受众之间的互动等问题，急需解决。因此，要想抓好校园媒体建设，高校要做好以下几个方面的工作：第一，高校要整合校园媒体资源。高校要抓住每种校园媒体的具体特点，如校报内容深入、校园电视视觉感染力强、校园网络传播及时快速等特点，最大限度地发挥各个媒体的优势，努力实现媒体间取长补短，达到相互协同传播的效果，增强正面积极内容的宣传力度和负面消极内容的打击力度。第二，高校要建设一支高素质、高水平、高质量的校园媒体队伍。高校要选拔综合素质高、媒体才能强的学生，组成一支由信息采集、新闻编辑、舆论引导构成的媒体队伍，并通过培训和学习提高其专业素养和水平，使其能够以强烈的使命感和责任感，以敏锐的认知能力，运用媒体引导学生去伪存真、辨别是非，坚持正确的舆论导向。第三，高校要加强学生与校园媒体间的良性互动。高校要引导校园媒体走近学生，多报道与学生息息相关的信息，并设置学生感兴趣的议题，与学生互动，增强其亲和力、吸引力、影响力和公信力，更好地发挥舆论引导作用，促进学生做出正确的信息判断。

六、建好教学楼、图书馆、实验室、博物馆，利于学生的求知探索

教学楼、图书馆、实验室、博物馆是师生开展教育研究的主要区域，它们既是高校物质文化的重要组成部分，又是高校不可或缺的教育资源。教学楼作为高校最重要的建筑，是教师开展教学活动、学生接受知识最重要的场所。图书馆作为高校最醒目的标志，以丰富的藏书、良好的借阅服务、优质的电子数字资源、安静的环境支撑着学生更好地读书学习。实验室作为高校科学研究的重地，以先进的设备、精密的仪器、逼真的模型，为学生进行科学研究提供良好的实验条件，促进更多更好的科研成果的问世和更高的学术成就的取得。博物馆作为高校独特的文化景观，可为师生的科学研究提供一手的、详实的、客观的历史资料。

因此，高校高度要重视教学楼、图书馆、实验室、博物馆的建设，为学生的求知探索创造良好的环境。近年来，高校不断加强教学楼、图书馆、实验室、博物馆的建设，在数量和规模上取得了一系列成就，并丰富教学楼、实验室、图书馆、博物馆内部的配置，如安装多媒体教学设备、取暖制冷设备，并不断优化教学楼、图书馆、实验室、博物馆的内部环境。但教学楼、图书馆、实验室、博物馆只有外在物质条件的提升，没有内在文化内涵的注入，是无法将物质环境的育人作用发挥到最好的。因此，高校要想真正建好教学楼、图书馆、实验室、博物馆，还需要为其注入人文气息。一方面，高校要注重教学楼、图书馆、实验室、博物馆的室内布置，可悬挂学者、科学家画像，张贴求学、研究名言警句，标注学校校风、校训等，营造浓郁的学习气氛，激发学生学习求知探索的欲望。另一方面，高校要在教学楼、图书馆、实验室、博物馆内设置一些人性化的设施，如水房、机房等，为学生的学习研究提供便利。

第二节 行为文化及制度文化实现策略

教师行为、仪式活动、学术讲座、科研活动、社团活动、社会实践活动以及志愿服务活动，因其自身所蕴含的丰富的文化内涵，成为高校行为文化育人的重要途径。

一、开展师德建设，示范学生的言行

师德是教师从事教育活动所需具备的职业道德，主要包括教师的思想政治素质、职业理想和职业道德水平等。教师作为实施教育的主导者、组织者，其一言一行都会对学生产生巨大的影响。教师的行为受师德的影响，师德又通过教师的行为体现出来。教书育人，教书者必先强己，育人者必先律己。教师只有树立求

真务实的治学态度，培养严谨自律的学术精神和学术态度，加强道德修养，既做经师，更做人师，既重言传，更重身教，才能更好地发挥教师的示范作用，成为令学生尊敬的良师益友和令学生模仿的楷模。近年来，高校逐渐认识到教师对学生言行的示范作用，围绕强化师德教育、加强师德宣传、严格管理考核、规范制度件等开展了一系列师德建设活动。高校开展师德建设的目的之一是规范教师的行为，为学生做出示范，但仅仅从教育、宣传、考核和制度等方面开展师德建设，脱离学生这一育人对象和教师自身的努力，是无法达到良好的效果的。因此，高校开展师德建设，一方面，要将师德建设寓于教学实践活动。在教学实践活动中，高校首先要鼓励和要求教师关爱学生，有了爱，学生自然会“亲其师而信其道，信其道而仿其行”。其次，高校要鼓励和要求教师在教学实践活动中爱岗敬业，认真从教，担当起传道、授业、解惑的职责。最后，高校要鼓励和要求教师在教学实践活动中严于律己，以身作则，规范自己的言谈举止、行为习惯、仪表仪态等，真正做到为人师表。另一方面，高校在师德建设的过程中要鼓励教师开展自我教育，加强自我修养，促进教师遵守师纪，讲究师表，锤炼师能，陶冶师德，通过自我修养和自我教育，把提升师德作为自身的内在追求，并自觉转化为行为。

二、注重仪式，丰富学生的情境体验

仪式这一具有深刻文化内涵的活动，是在人类长期的社会实践过程中，“经过多次重复的程式化活动或形成惯例的活动的统称”。它包括一系列具有象征意义的行为符号、程式化的行为模式和过程。仪式作为一种约定俗成的、生动的、直接的、可供观察的行为，具有特定的文化内涵，反映特定的社会规范和价值观。高校各种仪式的举行，能够使学生直接置身于情境中，调动学生的感官、思维，对活动内容产生共鸣，提升认识，规范行为。近年来，高校重视发挥仪式的育人作用，积极组织开学典礼、毕业典礼、颁奖典礼、学校庆典、节日庆典、入团、入党宣誓仪式、升旗仪式等各种仪式活动，但是也存在仪式活动文化内涵缺失、忽视学生在仪式活动中的个体地位、缺乏对仪式活动统一的协调组织等问题。因此，高校要针对这三方面的问题着力改善。第一，高校要注重提升仪式的文化内涵。高校在举办仪式活动时，要提升仪式活动的文化品质，充实仪式的文化成分和文化内涵，并将仪式中蕴含的历史和文化信息体现出来，使学生在充满文化内涵的情境中感受到仪式这一载体文的力量和化的效果。第二，高校要关注仪式活动中学生个体的情境体验。高校要运用场景、灯光、音效等手段，引起学生听觉、视觉和思维的兴奋，对仪式产生心理反应，同时利用仪式重复性、程式化的行为，强化学生在仪式中所感受、经历、记忆的行为规范和价值观念，引发学生共鸣。第三，高校要协调优化仪式活动。高校要根据学校和学生的实际情况，利用现有条件，保证仪式活动要素上的协调、阶段上的连贯和育人效果上的一致，使学生获得丰富的情境体验。

三、试行书院制，发挥学生社区的熏陶涵养的作用

书院制是将学生住宿区组织起来，设置相应机构，配备专门导师，提供独立的学习、生活设施和活动场所，提炼独特的文化内涵和人文精神，以开设社会实践、小组讨论等为主要形式的素质教育制度。试行书院制的构想来源于中国古代书院和国外著名大学学院制的实践。中国古代书院，以书院为主要场所，通过儒家经典、升堂讲说、会讲、举行祭祀、日常礼仪等，浸润、陶冶、潜化生徒的精神、性情、行为。国外大学的学院制，如牛津大学和剑桥大学，通常以学院为住宿单位，在学院范围内组织、管理、指导学生，让不同背景的学生在一起学习、生活、社交，开阔视野，培养品德、锻炼沟通技巧等。不管中国古代书院还是国

外著名大学的学院制，其核心都是在学生社区这个相对较小的群体环境里，注重发挥学生社区的熏陶涵养作用，使教育对象的人格、气质发生改变。目前，国内部分高校已经开始试点，既试图借鉴国外大学住宿学院的有益做法，也努力承袭中国古代书院的传统，取得了较好的成果，如复旦大学腾飞书院、志德书院、任重书院、克卿书院，西安交通大学的仲英、彭康、南洋、文治等八大书院，华东师范大学的孟宪承书院等。但高校在试行书院制的过程中，也不同程度地存在组织形式粗放、精神实质缺乏等问题，弱化学生社区的熏陶感染作用。对此，高校可从以下几个方面突破：第一，打破同学科、同专业、同年级学生聚居的状态。高校以学科交叉和大类融合为原则，安排学生住宿，扩展学生的知识范围和交际范围，拓宽学生成长空间。第二，密切师生关系。高校要选派一批思想觉悟高、业务素质硬、专业知识丰富、道德品行好的导师进入书院，跟学生保持密切的联系，指导学生的学习和生活。第三，构建和弘扬书院精神。高校要根据书院设立的目的，设计院徽、院训，创设书院环境，并积极开展符合书院特色的文化活动，彰显书院精神。同时，高校要完善书院制的设计，健全书院制体系，推进书院制创新，为发挥学生社区的熏陶感染作用提供保证。

四、完善导师制，发挥教师教书育人的作用

导师制是指教师根据学生个体差异，因材施教，指导学生学习、生活的制度。导师制起源于 14 世纪的牛津大学，17 世纪，英国的牛津和剑桥普遍实施研究生导师制，到 19 世纪，这两所大学开始推行本科生导师制。在我国，研究生实行以提高科研能力和水平为主要目标的导师制，部分高校近年来不断探索本科生导师制。不管是研究生导师制，还是本科生导师制，都将教师指导学生的要求明确化，从制度上保证教师作为教育主体的教书育人作用的发挥。以我国本科生导师制为

例，导师要对不同阶段的学生做出综合全面的指导。对于大一新生，导师应在适应大学生活、掌握学习方法、培养专业兴趣、选修课程、查阅资料等方面做出指导；对于度过适应期的学生，应在合理安排大学生活、处理学习和课外活动的关系、制定个人发展规划等方面做出指导；对于高年级的学生，应在研究性学习、阅读专业书籍、撰写毕业论文、参加课题研究、职业规划和选择方面做出指导，等。导师制是高校文化育人的重要制度之一，但部分高校在实施导师制的过程中也出现了师资力量短缺、机制不健全、导师职责不明确、有名无实等一系列问题，对教师教书育人作用的发挥产生了一些不良的影响。高校要通过以下措施进一步完善导师制。第一，挖掘导师资源，高校可把离退休教师、学校管理干部等充实到导师队伍中，缓解导师资源缺乏的矛盾。第二，明确导师职责。导师全程跟踪和个性化指导学生。第三，建立激励约束机制。高校要定期对导师进行考核，考核结果与导师的工资、晋升、聘任挂钩。通过以上措施，进一步完善导师制，发挥教师教书育人的作用。

五、推行导生制，发挥同辈群体自我教育的作用

导生制是以同辈群体为基础，以实现学生自我教育为目标的教育制度，学导制、学长制、学长计划都可以看作是导生制的具体实践。导生制能够发挥同辈群体的地位平等、关系密切、容易相互影响等优势，实现群体内兴趣、爱好、态度、价值观的相互影响，达到学生自我教育的目的。近年来，高校推行了不同称谓的导生制，如华东师范大学推出“1+8”学导制、华中师范大学实行了学长制、山东师范大学实施了学长计划等，高校试图通过这些制度，促进学生自我教育、价值观和行为方式的相互影响以及情感需要和心理需求的自我满足，最终达到共同社会化的目的。但高校在推行导生制的过程中，也遇到了导生质量参差不齐、导生

制实施方式单一、同辈群体自我教育效果不明显等问题。高校推行导生制，可从以下三个方面做出努力：第一，打造导生队伍。要严格标准，遴选学习成绩好、工作能力棒、综合素质高、影响力强的研究生和高年级学生担任低年级学生的班主任导生、心理导生和学习导生等，打造导生队伍，并保证导生队伍的质量；第二，创新导生制实施方式，建立同辈成长小组。可组织学生结对子、成立互助小组等，通过交流谈心、互动讨论、团体辅导、集体活动等多种方式，解决学生遇到的学习、生活、工作问题，帮助学生了解、认识、规划自我，实现彼此的共同进步和提升；第三，树立同辈典型。可在同辈群体内评选在学习、道德、科研等方面表现突出的学生，作为同辈教育的生动、鲜活的教材，并对这些来自学生身边的先进典型进行宣传，增强同辈教育的感染力。

第三节　整体规划及协同育人机制实现

一、加强协作体制

高校应加强多方位、全方面的协作，在深化文化育人的体制中，全面利用现有资源技术，进行校内、校际、校企的协作。

（一）校内协作

大学文化教育是一个涉及学校各个方面的复杂系统的工程，学校教育并不是一个或几个部门可以独立完成的教育活动，要靠学生管理和思想教育部门的共同努力才能做到。任何没有部门间相互合作而推进的学校实践活动，都不利于高校体制与教育人才的发展。高校文化育人的首要任务就是育人，学校通过优良的校园环境将学校的精神文化内化为学生的思想观念，注重高校学生思想政治素质的培养和正确价值观的养成。学校的相关教育机制及从上到下的管理部门应该协同发展，学校各个部门要积极配合学校育人工作，各个部门和个人必须有一种主动配合的育人概念。辅导员作为学生工作的一线教师，要时刻关注学生的动态，以学生为本，主动进行沟通，及时了解学生的思想与心理状态。

（二）校际协作

增强学校与学校之间的联系，就要加强学校之间科研教育活动的合作与交流。营地式的教学和研究活动，已经成为一个整体式教学研究，有了一整套的参考系统。大学之间的校际合作可以促进高校间的资源互换，弥补高校本身存在的不足，有利于高校间的文化与教育的沟通交流，培养出更加优秀的毕业生。它可以使学校与学校之间的交往更密，有利于相互吸取成功经验，更好地为高校文化育人服务。

（三）校企协作

校企合作在现代的教育事业中是一个新型的教育模式，校企合作打破了以往的传统教育模式，改善了高校教育的水平，为高校提供了充足的资金与设备。高校虽然是一个缩小版的社会，但是它与真正的社会相比还是有着一定的差距的。在高校教育中，学校教授学生的理论知识是通过课堂教学完成的，一些实践课程，也是通过具有实践经验的教师进行讲解，学生不一定有机会进行大量的实践活动来印证理论知识，这就使得实践教育不是那么完整。学校和企业进行合作，使得学生的实践活动有了场所和资金保证，增强学生对社会的见解，使实践能力得到良好的培养。校企合作的有利作用是双向的，不仅可以为高校的教育发展带来优势，而且对企业的发展也有一定的作用。高校师生在企业的支持下进行科研活动，对推动企业的技术创新有帮助作用，毕业后的优秀大学生有的也会进入企业工作，为企业注入新的生命力。

二、提升教育者价值引导能力

在高校文化育人实践中，教育者在其中起到了主导作用。要落实提高高校文化育人实效性的任务，就需要增强教育者的引导能力，而教育者的综合素质的高低影响其教育质量和对正确价值观的引导。所以，我们必须提高教育者的综合素质，来确保教育者具有正确的价值引导能力。提升教育者综合素质的方式有两种，一种是通过学校的努力，一种是通过教育者自身的努力。

第一，教育者可以通过学校的多方面努力来增强自身的综合素质。在学校层面要多渠道促进教育者素质的提升，学校会定期举行一些有利于教育者素质提高的讲座和考核项目等活动，会对教育者造成提升自我的压力，从而促进教育者整体素质的提升。其一，高校的精神文化加强对教育者的引导。教育者对大学生进行的价值观引导和高校精神文化的本质是一致的。教育者要想增强价值观的引导能力，就必须认真学习、领悟、内化高校校园精神。校园精神内涵丰富，不仅包括社会主义核心价值观，还包括大学历年的办学精神，这些办学精神有高校的校风和校训，反映高校发展中的优良品质。以上这些高校精神都需要教育者的学习和熟知，加强教育者对高校精神文化的认同，使教育者的价值认识与学校主体的价值认识相同，这样教育者作为价值引导者才会更好地把正确的价值观传递给学生。教育者在领悟高校校园精神文化时，学校要对教育者的掌握情况进行实时了解，对于不同的教育者在理解方面存在的问题要分类、分阶段地进行解决。对刚刚入校的新教师，需要系统地了解高校精神文化。对于宣传校园价值观不得要领的教育者来说，学校就要系统地为他们了解校园价值观提供帮助，思考通过什么方式载体来进行快速传播，达到提高传播效率的目的。其二，学校要加强对教育者的综合素质的实践能力的培训，引导教育者制定适合学生自身发展需要的教育阶段目标，教育者在引导学生的时候要因材施教，利用一定的教育手段，使教育者的培训具有针对性，理论联系实际，为学生的教育提供正确的指导。在设计相关的传播校园价值观的活动时，要在活动中体现教育者对学生的价值引导功能。其三，要建立健全奖惩机制，以科学的教育为基础建立一个正确的教育评价机制。对在学生价值观教育中有成效的教育工作者要进行及时奖励，对于教育者在教育的过程中存在的问题，例如由于引导不当造成受教育者产生消极的情绪，要按照奖惩制度对教育者"通过形成性评价"进行及时的批评与教育。除此之外，建立良好的监督机制来促进教育者以身作则，更好地发挥引导者的作用。总之，学校对于教育者做出的一系列提高其本身引导功能的措施，都是为了使教育者成为高综合素质的拥有者，使其更好地发挥教育引领功能。

第二，教育者可以通过自我努力增强自身的综合素质，从而提高自己的引导能力。其一，教育者通过不断地学习理论知识，加强自身的理论基础，使教育者在做价值引导时能够有理可寻。教育者之所以能够成为价值的引领者，是因为他们在长年累月的工作中，经常与学生打交道，有丰富的引领价值观的经验。而教育者所具备的价值引导能力，说到底就是教育者在价值选择上能够依靠自己多年来的知识储备和正确价值经验引领学生们做出正确的价值选择。教育者之所以能够做出正确的价值判断与选择，就是因为他们足够理性，能够在众多的诱惑中选择正确的价值观，而他们之所以能够在选择价值观时做到如此理性，全都是因为教育者有专业的教育理论水平。这种导向力的强弱取决于教育者的理论思维水平。要想在发展变化的社会中，坚持做到正确的价值选择，就需要教育者们不断地学习先进的各项理论知识，只有及时更新自身的理论知识，才能为教育者在以后能够做出正确的价值引导打下理论基础。教育者在学习理论知识的时候，不仅要拓宽理论学习的范围，还要在学习理论知识的同时针对自己所从事的教育专业进行有针对性的理论学习，在打下牢固的理论基础后，将理论知识运用于实践的价值观指导。其二，教育者们要善于进行自我反思。伟大的先贤孔子说过吾日三省吾身，说明在日常生活中经常反思自我是必不可少的，通过反思自我，了解当时自我选择的心理。如果有与主流价值相悖的思想，就要加强自我教育与改正。教育者能够明辨是非，做出正确的价值选择，是能够引领学生做出正确价值选择的前提条件。只有教育者在自己的内心先有一个关于价值选择的标准，即在很多的价值选择中找到正确的价值选择，才能更好地发挥价值引领功能，帮助大学生树立符合主流文化的正确的价值观。这一切都与教育者日常的反思自我是分不开的。教育者如果不经常进行自我反思，就不会意识到自己在价值选择中存在的不合理性，不能使价值观的选择标准明朗化，容易被社会和学校中存在的不利因素影响，进而影响价值引领功能作用的发挥。大多数教师目前存在价值混淆和价值混乱的原因之一，就是缺乏必要的反思，无法在多种价值面前做出明智的判断和选择。所以，教育者要养成经常进行自我反思的习惯，在日常的教育教学活动中运用正确的价值导向和价值判断，引导学生在学习与生活中做出正确的价值选择。

三、促进大学生主体发展

高校文化育人的对象是在校大学生，高校文化育人的首要任务是育人。大学是否可以育人成功，一方面是由高校的文化环境和文化育人措施是否合理决定的，还有一方面是由学生本身决定的，而学生本身是决定育人是否成功的主要因素。如果大学生对自己的认识是客观理性的，能够做到正确地认识自己，不夸大也不贬低，认清自己的能力范围，把自己作为学习的主体，并不断努力，就会主动学习自己所欠缺的知识和经验，促进自身综合素质的提高。所以说，要落实提高高校文化育人的实效性的任务，就需要学生认清自己在学校生活中的主体地位，积极主动地促进自身的全面发展。大学生要加强在校园生活中的主体性，有很多方法，总体来说，就是在与校园环境、社会环境、人际交往的各种关系中体现出学生的主体性，在任何场合中都可以主动成为社会主义核心价值观的拥护者和践行者。

第一，树立以学生为本的教育理念，一切活动都要突出学生的主体性。其一，牢固树立以学生为本的教育理念，充分认识到只有以大学生为本进行教育，才能真正实现大学生的全面发展。从教育者方面来说，树立大学生的主体性地位，以大学生的自身出发来进行育人教育，可以站在学生的角度去思考学生的内在需求是什么，这样教育者在开展教育活动时就能尽可能地回避不恰当的教育方式，真正了解学生的需求，更好地在学习生活中帮助学生进步，真正做到教育工作“一切为了学生，为了学生的一切”。如果教育者在教育的过程中没有把学生放在主体地位上，只是按照自己的逻辑思维去教育学生，不管所教授的知识是否超过了学生的承受能力，不注重学生身心健康的发展，那么高校以文育人的效率和质量就会大打折扣。所以，高校教育者要以师德和师爱影响学生对于学习的态度，要与学生相互尊重，相互理解，创造一个温馨的学习环境。其二，要在大学生活的各个方面培养大学生的主体意识，使大学生的主体地位得到保证。这需要在学校的统一领导下与各部门配合好来实现。在课堂上，尽量减少教师关于理论的讲授，学生要学会自主学习，并通过学生之间的合作来消化所学文化，要有意识地主动要求自己到讲台上分享自己的学习心得体会，教师只是在学习的过程中起到解答疑难问题的作用。在平时生活中，大学生要充分意识到自己的人生掌握在自己的手里，大学生要在辅导员的指导下，积极主动地安排自己的日常生活，善于帮自己制定以后的学习和生活计划，并且严格要求自己按计划实行。此外，大学生还可以以学生的方式充分参与到学校的管理中去，对于学校下发在学校官网和官方微信上的关于学校发展之类的意见征集，学生要主动参与，为学校的发展谏言献策，贡献自己的一份力量。总之，就是要鼓励学生多方面、全方位地参与到学校的日常生活中来，增强学生的主人翁意识，充分发挥自己的主体性地位，促进自身全面发展。

第二，在培育对社会主流文化和价值观的过程中，促进大学生认识主体性。价值观在内化为大学生自身的思想精神时，大学生的价值选择就已经在对大学生的主体性发挥作用了。教育者通过积极向上的价值观教育向大学生传播社会主义先进文化，并使大学生内化为自身的思想价值，并且能够用这一内化的价值思想指导自己的生活与学习，真正做到内化于心外化于行。这一内化过程都是以大学生的整体性认知为基础的。大学生如果对自己没有主体性认知，那么大学生就很难在众多的价值观中给出正确的价值观选择，也就不会促进自己的发展。相反，如果大学生清楚地知道自己是高校文化育人的主体，具有能动的主体性意识，那么在正确价值观的引导下，学生不仅会随着教育者的指引培育自己正确的价值观，而且会在价值观的指引下增强自我主体性的认识，使大学生更加自信。价值观对大学生树立整体性的指引表现在以下几个方面：一是高校引导大学生建立人生观与理想目标，树立为国家、为民族、为社会服务的理想，在当下时代提出的中国梦的长远目标来说，可以作为大学生对未来生活的一个正确方向的思考，可以成为大学生的一个目标。二是培养大学生有一个正确的价值判断和价值选择，要以文化育人来引导大学生培养拼搏努力的精神，使他们掌握正确的学习规律，培养大学生主动去制定学习计划、学习安排的能力，在大学生活中认识到“内强素质，外塑形象”的重要性。三是培养大学生的个性，使他们认识到自身的创造力和务实精神，让他们在实践中得到成功的喜悦，使他们充分认识到实践才能出真知的真理，并在未来的发展中立足实践，找到美好未来，找到自我，活出自我，实现自我的全面发展，促进高校文化育人实效性的落实。

第四节　理念创新及学生积极性调动

一、创新高校文化育人的理念

（一）重视优秀传统文化的德育功能

改革开放以来，习近平总书记多次强调了学习优秀传统文化的重要性，弘扬优秀传统文化需要我们每个人积极参与，要想实现中国梦，必须在日常生活中时刻传承本民族优秀文化。首先，在高校文化育人中重视传统文化教育中的德育作用，利用好现代多媒体技术，使得学生在课堂中能够积极主动地接受德育教育。其次，在德育的教育中要培养学生对他人包容的精神、对事业自强不息进取的精神、对学术求真务实的精神，并将传统文化中所包含的这些精神运用到实际生活中去。最后，我们不仅要传承中国传统文化，而且要随着时代的发展进行创新，我们在继承优秀传统文化的同时，也要与西方先进文化进行对接，学习世界历史文化、民族文化和各国的文明成果，在兼容并蓄的基础上进行创新，使文化发展做到不忘本来、借鉴外来、面向未来，使中国传统文化经久不衰。

为了提高地方文化在高校文化教育中的运用，应当将地方文化与高校文化相结合。这不仅可以发挥地方文化的作用，丰富大学文化育人的教育内容和教育资源，还可以营造良好的教育环境，使大学生能够进一步了解当地的历史和文化，进一步促进和传播当地优秀文化。

（二）重视自由学术氛围的营造

在教学科研管理上，我国高校在坚持四项基本原则的基础上应多多鼓励师生解放思想，营造思想活跃的自由学术氛围。

首先，高校的学术氛围对于培养学生的学习习惯有着重要作用，自由的学术氛围不仅能够帮助学生提高自己的学术创造力，还可以给予他们充分的自由，在知识的海洋里自由遨游。

其次，我们鼓励不同类型的学生进行学术交流，让他们可以自由地表达自己的想法、见解和态度，促进他们在高校文化育人的自由氛围中得到全面发展。

最后，发挥教师的专业指导能力，促进学生对知识的理解能力的提升，在相互讨论的过程中让教师与学生都可以进步，为营造学术自由的氛围打下坚实的基础。

二、调动大学生参与积极性

（一）坚定文化自信引导大学生

高校文化育人工作的开展有特定的目标人群，是对大学生进行文化育人工作。大学生是否主动愿意参加是高校文化育人工作的关键。提升教育者的引导能力，坚定文化自信，将社会主义核心价值观融入文化育人活动中，是调动大学生参与积极性的解决方法。大学生在大学阶段正处在成长成才的关键时期，在这个思想水平逐渐成熟、意识形态逐渐形成的时期，大学生应该坚定文化自信，坚持民族的文化认同，坚持文化的科学发展，坚持文化成果由人民共享。

首先，中国文化源远流长、博大精深，每一种民族文化都有自己的属性和特色，不应该歧视或者选择性接受民族文化，而应该平等看待，主动接受，发自内心地认同，认清当今国际文化的发展趋势，抵制西方文化的入侵。其次，中国特色社会主义文化要坚持以马克思主义理论为指导，以中国特色为实际，开展中国特色社会主义文化。尊重中国特色社会主义文化的发展规律，用科学先进的方法指导文化发展。不能任由文化放任自流，坚定文化理论和发展方向，坚定文化自信。最后，社会主义文化归根到底是为人服务的，是由广大人民群众创造的，并由广大人民群众共享。文化不是某一个人的特有品，每一个人都有权享受文化育人带来的文化成果。坚定文化自信，能建立大学生文化自信心和民族自豪感，促进大学生积极参加文化育人活动。

（二）提升教育者能力引导大学生

大学生受思想意识和接受能力的影响，在文化育人过程中往往处于被动接受的状态，因此需要教育者加强对大学生文化育人的引导。高校教育者具有引导大学生成长成才和培养大学生价值观的责任和使命。首先，对大学生价值观和意识形态的引导，要求教育者坚定社会主义方向和社会主义核心价值观，定期参加培训和学习，如果高校教师的理想信念不坚定，那么他们培养的学生也自然无法从根本上坚定主流价值观和社会主义意识形态。其次，提升教育者的科研能力和科研水平，加大对教育者文化育人科研经费的投入和资金保障，以此提高教育者文化育人的理论深度和理论水平。再次，教育工作者要贴近学生，融入学生，不要摆教师的高架子，在课堂教学和师生互动中展现教育者的人格魅力，影响大学生的人格发展和心理健康。最后，评价教师开展文化育人工作的好坏，把这项评价权利交给学生，让学生对教育者进行综合评分。通过以上四个方面，提高教育者的引导能力，促进大学生积极参加文化育人活动。

第八章　高校文化育人的发展思路

第一节　坚持文化育人基本原则

作为教育的一种手段，文化育人要以社会主义先进文化育人，必须始终坚持以马克思主义为指导；要紧密结合大学生成长成才和教育工作的实际，尊重学生发展与教育规律；要整合校内各种教育资源，凝聚校内外各种教育力量，实现合力育人；要合乎人的全面自由发展和人类社会进步的目的，体现出合规律性与合目的性的统一，即真善美的统一。

一、尊重学生发展与教育规律原则

做好高校思想政治工作，要遵循思想政治工作规律、教书育人规律、学生成长规律，这是做好思想政治工作的原则，也是高校实施文化育人的基本原则。列宁指出“规律就是关系……本质的关系或本质之间的关系”。规律是指事物发展过程中内在的本质联系，由事物内部矛盾构成，决定事物发展的趋向。规律是客观的、内在的，它不以人的主观意志为转移，不能创造和改变，只能发现、把握、利用。人们对事物发展规律的认识属于主观对客观的反映活动，它是一个永无止境的探索过程。

文化教育学以人的思想品德形成发展规律及文化教育规律为主要研究对象，人的思想品德形成过程和文化教育过程是协同发展、辩证统一的。文化育人作为一种文化教育实践，和文化教育具有同样的规律性。人具有双重价值追求，既追求个体人的价值，促进大学生全面自由发展，也追求社会价值，推动社会全面进步，体现着促进个人全面发展与社会全面进步的统一。从矛盾运动的角度看，文化育人的过程，实际上就是教育者根据社会发展要求和大学生思想政治素质发展规律，对其施加有目的、有计划、有组织的教化影响，促进大学生形成社会所期望的思想政治素质的过程。在这一过程中，不仅蕴含着学生成长规律，蕴含着文化教育规律，甚至内在地蕴含着教书育人规律。因此，要有效实施文化育人，必须充分尊重这些规律。

要尊重大学生成长规律。大学生成长规律主要是指大学生的思想品德形成规律，大学生思想品德不是与生俱来的，而有一个形成发展的过程，即是“个体在社会环境的影响下，经过社会实践，使思想品德诸要素不断平衡发展，知与行从旧质到新质循环往复、螺旋上升，从而形成社会要求的相对稳定的心理特征、思想倾向和行为习惯的外部制约与内在转化有机统一的矛盾运动过程”。大学生思想品德的形成是主体内在思想矛盾运动转化的结果，是在社会实践基础上主客体因素相互作用的结果。大学生成长规律的内涵比较丰富，不同学者有不同的解读，如有的学者提出“双螺旋理论”，有的学者提出“思想需求促进律、求新思辨律、内外因交互作用律、情绪情感参与律、螺旋上升律等”。大学生思想成长规律可以总结出很多种，但说到底，满足现实人的现实需要是尊重大学生成长规律的逻辑起点。“文化教育要立足现实的人，把满足现实人的现实需要，发展人的现实关系作为其存在的价值和终极目标”。文化育人的对象是现实生活中的大学生。由于成长背景、个性等方面的差异，大学生的现实思想发展需求是多样化的，其需求内容十分广泛，涉及德、智、体、美、劳等方方面面，其需求形式更是千差万别，但是不论是哪一方面的思想需求，都是在学生发展过程中客观存在的。马克思指出，“理论只要彻底，就能说服人。所谓彻底，就是抓住事物的根本。但是，人的根本就是人本身。”因此，在文化育人过程中，其文化价值观教育越符合大学生思想需求实际，就越有说服力；而大学生思想发展需求越直接越强烈，就越容易接受教育者传播的文化价值客体，二者之间是辩证统一的。因此，教育者只有充分尊重并尽力满足学生的思想发展需求，才能真正尊重学生成长的客观规律，才能使教育者的文化价值引领与大学生的接受主体性相统一，使大学生“乐于接受、主动接受、从中受益”。

二、坚持合力育人原则

文化育人的主要场所在大学校园，校园文化是文化育人的重要载体。校园文化是“以师生文化活动为主体，以校园精神为底蕴，由校园中所有成员在长期的办学过程中共同创造而形成的学校物质文明和精神文明的总和”。它主要包括物质文化、制度文化和精神文化，其中精神文化由全校师生的价值观融汇而成，在校园文化中居于核心地位，起统领作用，是校园文化的灵魂。作为大学文化风格和大学精神的综合体现，校园文化伴随大学教育而生，既反映学校历史发展中的文化积淀和精神传承，也反映学校在培养人、造就人方面的物质成就和精神成就；它由全校师生所创造，以教学、科研、管理、服务、生活等各个领域的文化活动为基本表现形式。

校园文化具有重要的育人功能。作为学校育人的环境条件，校园文化是育人过程中重要的教育资源和构成要素。健康向上的校园文化，能够使大学生获得知识、陶冶情操，促进他们综合素质的提升与完善，为实现学校的人才培养目标、服务社会打下良好的基础。

校园文化在结构功能上具有系统性和复杂性。校园文化是由多种要素构成的具有一定结构和功能的系统，是各要素相互联系、相互作用的有机整体。校园文化的各构成要素分布在不同组织层面、不同工作领域、不同人员群体，具有很大的复杂性。随着社会的进步和学校事业的发展，校园文化总是不断推陈出新、动态发展的。在校园里，总有新的时尚文化在流行，有新的文化成果被创造，也总有一些不符合时代发展需要的文化在衰微、消逝。校园文化作为社会文化系统中的一部分，“是校内校外各股教育力量及校园文化各要素相互影响相互作用的产物”，其中，校园精神文化（即全校师生的价值取向）不仅决定校园文化的性质和方向，也决定校园文化功能的实现。

要有效发挥校园文化的育人功能，必须坚持以核心价值观为统领，坚持合力育人原则，在校园师生中大力弘扬并培育社会主义核心价值观，并将其融于校园文化建设的方方面面，融于校园师生的文化生活实践之中，以此统领校园内各种教育资源，凝聚校内外各种教育力量，实现校园文化整体育人。坚持合力育人原则，要从整合各方面力量入手，一是以核心价值观统领校内诸多育人力量。从校园师生所承载的育人职能看，校园内有几支重要的育人力量，即承载教书育人职能的第一课堂教学力量，承载管理育人职能的管理力量，承载服务育人职能的图书馆、学生公寓、安全保卫、卫生所等服务保障力量，承载朋辈育人职能的优秀励志大学生等学生榜样的力量。一名大学生在校学习生活，必然要接受学校安排的教育、教学、管理和服务，要生活在朋辈学生群体之中，受到各工作领域教师和各种学生群体的影响，如果这些影响都是以社会主义核心价值观为统领的、积极健康向上的，那么对学生形成的教育合力就强，反之教育合力就弱。因此，以核心价值观统领这些育人力量对校园文化建设、对发挥文化育人合力都具有至关重要的作用。

三、坚持真善美统一原则

“真善美统一是文化教育的根本价值”。文化育人是以先进文化育人，作为一种特殊的文化教育实践，根本宗旨是促进人的全面自由发展，其根本价值也体现在真、善、美的统一。文化育人的价值，是人和社会在文化育人实践—认识活动中建立起来的，以人的社会主义核心观形成和发展规律为尺度的一种客观的主客体关系，是文化育人实践是否与人的本质、意义和需要等相统一的关系。这种关系是文化育人实践合乎人的全面自由发展（尤其是以社会主义核心价值观为统领的思想品德的形成与发展）和人类社会进步（尤其是精神文明的进步）的目的而呈现出的一种肯定的价值关系。这种价值关系表现为社会价值与个体价值的统一，在本质上是合规律性与合目的性的统一，即真善美的统一。

人的全面自由发展是人的解放的最高境界，也是文化教育尤其是文化育人的终极价值追求。“从哲学上讲，人的全面自由发展是真、善、美的统一。”从文化意义上讲，真、善、美也是人的全面自由发展的三个“文化尺度”或称为人的文化活动的原则，它们是内在于人的文化价值取向之中的。

人们在实践中，只有“全面地遵循真、善、美三种尺度的有机统一，并在自己的实践活动中加以综合运用，才能……使自己的本质力量得到全面的确证”，即实现全面自由发展。因此，人作为能动的文化主体，在文化育人实践中既要遵循“真”“善”的尺度，也要遵循“美”的尺度，自觉坚持真、善、美的统一。对大学也是如此。作为“年轻人涵养信仰和精神的文化教堂”，“对年轻一代加以崇和言真、向善、求美、社会担当为要素的理想主义影响是大学不能放弃的责任”。

第二节　完善文化育人工作的方式方法

文化育人离不开各种文化载体，具有文化教育功能的文化载体有很多，不同的文化载体对人的影响方式有所不同，所运用的育人方法也不尽相同。文化育人的具体方法有很多。从总体上看，文化育人作为文化教育的一种手段，强调以润物细无声的方式，潜移默化地教化人、影响人，具有隐蔽性；强调以文化场力的方式影响人，具有场域性；强调在日常生活实践中养成，具有生活实践性。从这种意义上讲，文化育人的基本方法有三种，即隐性育人法、“场”式育人法、生活养成法。这三种基本方法都是比较宏观的概念，各自内含的具体方法都有很多，三者之间既互有交叉，又各有侧重。

一、隐性育人法

隐性育人法就是教育者将文化教育信息融于大学生文化活动、日常文化生活或其所处的校园文化环境载体之中，并通过这些文化载体，增强大学生的现实体验，发挥文化的价值渗透、陶冶情操和精神激励作用。隐性育人法作为文化育人的一种基本方法，它不是单一的一个方法，而是一种方法体系。隐性育人的方法主要包括渗透教育法、陶冶教育法和体验教育法。

渗透教育法是“教育者将教育的内容渗透到受教育者可能接触到的一切事物和活动中，潜移默化地对受教育者产生影响的方法”，它教育的方式多种多样，但都必须借助一定的文化载体，如文化活动、文化环境、文化生活、大众传媒等来实现育人目的。运用什么样的文化载体及育人方式，比如，是设计生动活泼的文化活动还是营造轻松和谐的文化环境，是严格文化生活管理规范还是利用先进的传媒手段，教育者可根据教育目的和教育内容的需要进行选择。同时，运用渗透法育人强调要营造一定的文化氛围，如借助大众传媒的载体，集声音、形象、艺术美感于一体，使大学生在愉悦欣赏的情绪体验中受到感染和熏陶；借助校园文化的载体，营造文明、民主、和谐、向上等良好的校园文化氛围，使大学生置身其中，思想和行为潜移默化地受到同化，等。运用渗透教育法重在寓教于境，通过文化环境中的文化价值渗透来育人。

陶冶教育法，主要是指教育者“通过创设和利用各种有教育意义的环境、情境，对学生进行潜移默化的影响，使学生耳濡目染，在道德、心灵、思想情操等方面受到感染、熏陶”。陶冶教育法强调教育者通过营造一种轻松、愉悦、和谐的文化氛围和教育环境，并用美的形象化和愉悦机制使学生在轻松、愉悦、陶醉的心理状态下接受教育；强调通过情感的调动，激发学生的学习动机、想象力和理解力等。运用陶冶教育的方法，重在寓教于境、寓教于情、寓教于美。要以境陶冶人，通过校园文化环境的艺术性、教育性和具有文化意义的象征性来陶冶性情、激发美感；要以情陶冶人，通过学校领导和教师的人格魅力来激励和陶冶学生，以培养他们健全的个性；要以美陶冶人，通过教育教学和环境中一切美的因素陶冶学生的情操。

体验教育法就是通过组织大学生参与各类实践活动，引导他们在亲身经历中获得切身感受，形成深刻理解，并在感受中升华思想认知、形成正确价值观的一种方法。体验教育法强调大学生的主体实践性，强调寓教于行，通过学生积极参与实践活动、亲身接触具体事物、了解事物现象，并透过现象看本质，发现事物的规律，使学生在实践体验中提升自己的思想认识水平和道德实践水平。大学生进行体验的方式有很多，如参与文明班团组织建设、青年志愿者活服务、大学生“三下乡”、劳动锻炼、社会考察等方式，都可使大学生从中受到隐性教育。

要充分发挥文化育人的隐性教育功能，就要立足于渗透教育、陶冶教育和体验教育，积极探索和创新各种具体的隐性教育方法，完善隐性育人的方法体系，以充分发挥各级各类校园文化活动、文化环境及文化生活的渗透和陶冶作用，增强学生的实践体验，进而实现文化育人的隐性教育价值。

二、“场”式育人法

当文化对人产生影响时，它是以“场”的形式存在的。学校作为一种文化组织，实质上就是一种“文化场”。学校文化场是由学风、教风和校风、校园文化和环境、学校师生员工的精神面貌和社会舆论氛围等文化因素共同形成的一种精神力量，这种精神力量作为一种凝聚力、向心力和人们积极进取、奋发向上的动能，时时影响着每一位校园师生，这种精神力量即是文化的“场力”。学校文化场就是以一种综合“场力”的形式释放能量、施教于人的。

具体而言，学校文化场具有激励、感染、凝聚、熏陶、约束和辐射等多方面功能，这些功能的发挥，不是以物体直接接触的方式，而是以辐射或渗透的方式来实现的。这种育人方法我们称之为“场”式育人法。所谓“场”式育人法，就是指学校利用“学校文化场”的凝聚力、向心力和感染力，让大学生从整体上感受大学精神，并从中潜移默化地得到精神激励、自省自悟和行为约束，最终实现以大学精神激励人、感染人，以大学“文化场”的综合“场力”整体育人。“场”式育人法是当代高校文化育人中不可或缺的一种基本方法。为了增强育人实效、提高人才培养质量，尤其是随着文化全球化的深入发展，这种方法越来越受到高校的普遍重视。从大学文化建设的兴起到盛行，就可以看出高校对学校文化场的构建、对学校文化场力的锻造与提升的重视程度已经是史无前例。

从总体上看，“场”式育人强调“文化场”整体育人，强调通过文化场的辐射力量对场内人员进行精神激励、气势感召，并促使其在自省自悟中进行自我约束。“场”式育人法可涵盖的具体方法有很多，除了涵盖隐性育人法之外，“场”式育人法还涵盖一些由显性育人延伸而来的一些方法，如激励法、感染法、约束法等，下面重点介绍“场”式育人中的激励教育法、感染教育法、约束教育法。

激励教育法，就是教育者通过学校文化场中的正能量激发大学生的主观动机，鼓励大学生朝着正确方向和目标努力的方法。激励可分为物质激励和精神激励，二者相辅相成，互为补充，但对大学生而言，精神财富是最宝贵的，精神动力才是成长成才最持久、最强大的动力。激励教育的方式是多种多样的，如通过树立理想，激发大学生为实现理想而奋斗的目标激励；通过奖优罚劣引导大学生思想行为的奖惩激励；通过鼓励创先争优，激励大学生勤奋进取的竞争激励，等。学校运用文化场进行激励教育，要立足于大学生成长和发展的各种现实需要，在加强大学生理想教育的同时，建立健全公平公正、奖优罚劣的激励制度体系，以充分激发大学生积极进取、奋发向上的主观动机，并培育良好的校园文化氛围，让大学生在这种文化氛围中获得持久的、强大的精神激励。

感染教育法，就是教育者利用学校文化场中一切情境、情感文化因素感染、感化大学生，使其从中受到积极的影响和熏陶。感染教育法的最大特点是寓情于理，不仅具有浓厚的情感色彩，而且在表现形式上更形象、生动和自然，这对于思想活跃、情感丰富、生活集体化程度较高的大学生而言，更容易产生情感共振，并轻松自然地接受教育。感染教育可分为形象感染、艺术感染、群体感染。感染教育的具体方式有很多，如通过树立或学习榜样、通过参观访问或实地考察，通过文艺作品欣赏、品评，通过集体交流互动，等。学校运用文化场进行感染教育，要结合大学生的兴趣爱好和阶段性关注热点，开展丰富多彩的、喜闻乐见的教育活动，如在师生中开展感动校园先进人物评选，组织学生走进敬老院、孤儿院、军营、医院、企业，组织学生赏评文艺作品，聆听先进事迹报告会，开展大型集体性的文体活动竞赛和丰富的网络社区活动等，积极营造生动活泼的校园文化氛围，让学生在这种氛围中受到感染，产生情感共鸣，进而实现寓理于情、以情育人的目的。

约束教育法，是教育者利用学校文化场中一切管理载体，让大学生切身感受到学校规范、严明而有序的管理文化，并促使大学生按照学校的管理要求进行自律自省，自我约束，进而实现寓教于管、以管育人的一种教育方法。管理载体是新时期大学生文化教育的基本载体之一，也是文化育人的重要载体。约束教育法最常借用的管理载体类型有组织管理、制度管理、生活管理，无论是哪一种类型的管理，都要坚持以学生为本，以调动学生积极性、促进学生成长为目的。约束教育法强调自律与他律、内在约束与外在约束有机结合，强调学校文化场与大学生个体互动，是学校以管促改，以管促建，促进大学生自我教育、自我提高的一个重要方法。学校运用约束教育法，要树立以人为本、寓教于管的思想理念，在建立健全学校管理制度并进行规范管理的同时，要把目标从“管”转向教育，转向对学生的尊重和信任，注意发扬学生的自主性，鼓励学生自主管理，体现人文关怀。

三、生活养成法

生活是教育之源。大学生成长的每一步都与平时的学习生活息息相关。生活养成法，细无声是指教育者把养成教育融入大学生日常学习生活的各个方面，并以“润物”的方式让大学生在日常生活中自觉养成良好的行为习惯、全面提升自身的能力素质。生活养成教育，不是大学生在随心所欲的生活中去漫无目的地自我教育，也不是教育者简单地对学生进行强制性的行为约束或行为训练，而是通过一定的教育手段促使大学生在日常生活中自我养成。这种教育方式体现了文化育人的生活实践原则，彰显了大学生的主体性，是文化育人不可或缺的一种基本教育方法。

大学生生活养成教育，是融于生活的教育。有生活在，就有教育在。从这个意义上讲，生活养成教育是一项系统工程，是全员、全程、全方位的教育。全员教育，是指大学生的学习生活涉及教育教学、科研、管理和服务等方方面面，需要全员参与。全程教育，是指生活养成教育周期长，在整个大学期间，都要结合大学生在不同成长阶段的生活实际，有针对性、有侧重地开展生活养成教育。全方位教育，是指生活养成教育涉及的内容比较广泛，不仅包括高尚思想品行、良好个性人格和行为习惯的养成，也包括良好的专业素养和人文素质的养成。每一项内容中又涉及一系列的具体内容，如“高尚思想品行”能涵盖到热爱祖国、奉献社会、服务人民、文明守信、勤俭节约、艰苦奋斗等很多方面，“良好个性人格”内涵也非常丰富，大学生的一切优秀品质和个性都涵盖其中，如自强、博爱、奉献、诚信、友善、勤奋、担当、文明、知礼、豁达、乐观、进取，等。

生活养成教育的实施方法也有很多，最基本的方法有正面灌输法、启发引导法、典型示范法、规范管理法。例如，在学校明确了各项教育、管理举措的基础上，运用正面灌输法，对学生晓之以理，动之以情，使大学生增加对学校各项教育管理政策的理解和认同，进而提高思想认识；运用启发引导法，调动学生的内在积极性，使其形成正确的价值认知，自觉参与各项集体活动；运用典型示范法，为大学生树立学习榜样，激励大学生学先进、赶先进，形成“学、比、赶、超”的良好氛围，用榜样的力量带动更多的学生接受养成教育；通过规范管理法，帮助大学生树立自律意识，规范自己的言行，文明修身。

学校要开展生活养成教育，要着重从以下几方面入手：一要围绕教育任务抓好顶层设计，从全局角度做好统筹规划、整合资源、完善人员和组织保障、细化各项教育工作安排等，以确保教育任务的有效完成。二要健全各项规章制度，加强管理。生活养成教育涉及大学生教育管理的各个方面，需要一系列的规章制度做保障，如促进大学生生活养成的生活管理制度、学习制度、校园文明行为守则、各项奖惩和资助制度等。在完善制度的同时，还要有效实施这些制度，进而实现对大学生的行为引导和行为训练，使大学生获得养成教育。三要搭建生活养成活动平台，结合学生的生活实际，以他们喜闻乐见的形式，开展丰富多彩的校园文化生活实践及社会实践活动，使学生在亲身实践中自觉接受养成教育。

此外，开展生活养成教育还要注意如下几个问题：一要在全程教育的基础上，以新生入学教育为起点，以一日生活制管理为抓手，重点抓好大一新生的生活养成教育，使大学生树立正确的思想认知、养成良好的行为习惯，为他们未来发展奠定良好的基础。二要注意让教育融入大学生的日常生活，融入大学生的生活细节。要从大学生的现实生活中充分挖掘和利用各种教育资源、素材和手段，让教育贴近学生实际，符合学生现实需求。三要注意处理好生活与教育的关系，既不能让养成教育离开生活的土壤，也不能一味地迷信生活，用生活替代教育，而要充分发挥教育的指导作用，让养成教育成为指导生活、提升生活的内在动力与现实保障。

第三节　构建协同育人工作体系

文化育人是一项庞大而系统的工程，其育人价值的实现，是诸多要素合力作用的结果。其中，育人的主体、客体、环境、媒介要素是影响文化育人价值实现的最重要因素。从整体上看，文化育人价值的实现主要有三个渠道，一是外在的给予，二是内在的生成，三是媒介的催化。外在的给予，包括教育者的价值引导和文化环境的濡染熏陶；内在的生成，包括大学生文化主体性的生成和文化自信的生成；媒介的催化，主要是指融教育目的、内容、方法、过程于一身的三大文化活动载体媒介（即育人的主体实践育人、客体、环境育人），作为重要的媒介要素（即文化载体），与环境要素有机联系在一起，形成高校文化育人的主渠道、主阵地。从这个意义上讲，要有效实施文化育人，需要结合当前高校文化育人发展实际，着眼于文化育人的四个基本要素，重点从提升教育者价值引导力、促进大学生自主发展、优化文化育人环境、建设文化育人主阵地入手，构建“四要素”协同育人体系。

一、提升教育者价值引导力

教育者是文化育人活动的设计者、组织者、实施者，是教育计划、要求的贯彻落实者与执行者，在文化育人活动中承担着引导大生价值观发展的重要使命。教育者的价值引导力如何将直接影响文化育人活动成效，影响大学生的成长成才。因此，要增强文化育人实效，首先要从提升教育者的价值引导力入手。

（一）教育者的价值引导使命

第一，文化育人强调思想文化引领和教化。它着眼于大学生个体意义的生成，强调思想文化的引领和教化。所谓引领就是指引和导领，强调正面的要求和指导，强调主体对客体起主要的引导作用。在党的十八大报告中强调要“发挥文化引领风尚、教育人民、服务社会、推动发展的作用”“用社会主义核心价值体系引领社会思潮、凝聚社会共识”“教育引导党员、干部模范践行社会主义荣辱观，讲党性、重品行、做表率，做社会主义道德的示范者、诚信风尚的引领者、公平正义的维护者”，这是党对思想政治工作的要求，也是高校文化育人内在的价值追求。所谓教化就是教育和感化，它强调“把政教风化、教育感化、环境影响等有形和无形的手段综合运用起来”，强调“客体”在主体影响下自我体会和领悟的“渐变”，是把教育内化到人心的一种方式。引领和教化的过程密不可分，二者相辅相成，引领是教化的前提和基础，教化是引领的目的和结果体现。

第二，教育者肩负价值引导的使命。作为引领和教化大学生成长的责任主体，教育者在文化育人过程中以立德树人、促进学生全面发展为己任，引导学生追求人生理想与价值，使其思想品德向社会要求的方向发展。他们在文化育人过程中占据着价值主导的地位，肩负着价值引导的使命。所谓价值引导者就是通过设计、组织和实施文化育人活动，引导和帮助学生进行价值选择，实现生活意义。由于人的价值观念的形成过程实质上是由内而外的生成过程，是“基于已有的知识、经验和价值观念，在自我需要的驱动下……建构事物的意义”，人的价值世界是个体在自主、能动的状态下生成的，而不是单靠外部力量就能塑成，教育者的价值引导是通过潜移默化的影响和内心的感召，是以润物细无声的方式为学生提供精神动力，让学生充满追求人生价值的激情和斗志。

第三，教育者价值引导职能及其体现。教育活动是一种“以培养人为特征而构成的价值认识、价值选择、价值实现的特殊活动”。从这个意义上讲，价值与主体的情感、意志、选择密切相关。引导人追求价值、创造价值是教育的主旋律。教育者的价值引导职能主要包括引导价值认知、价值选择和价值实现，激发人对价值追求的能动性，促进人的价值世界的丰富和发展。

高校文化育人的教育者主要包括通过教学、管理和服务等方式实施文化育人的各类专业课教师、辅导员、党政管理干部和共青团干部、后勤与图书馆等服务人员。教育者的价值引导职能主要体现在课堂教学之中和日常教育管理与服务之中。教师在课堂教学中可以从各种渠道发挥对学生的价值引导作用，如通过精彩的教学设计，使教学饱含丰富的意义和价值，进而引导学生认识真理、明确自己的所需和做出自己的选择；通过自身的价值追求和人生智慧使学生从中受到影响和感召，并在不断的反思中构建自己的价值观；通过让课堂充满智慧挑战，唤醒学生求知的愿望，引导学生不断追求更高的生命境界。在日常的教育管理与服务过程中，学校机关、后勤、图书馆、各院（系部）等相关单位和部门的管理干部、辅导员及服务人员，作为第一课堂教学之外的文化育人者，也能立足本岗，通过多种方式对学生发挥价值引导作用，比如管理干部通过秉持现代化的管理理念、建立赏罚分明的管理规章、采取科学规范而又富有人性化的管理举措等正校风，树新风，培育优质的管理文化和制度文化，引导学生在公平公正的管理文化和制度文化环境中感知学校良好的校园文化氛围，并在潜移默化中受其影响，形成正确的价值观；服务部门工作人员通过微笑式和亲情式服务展现人文关怀，通过丰富多彩的优质服务创建活动体现“以学生为本”的服务理念，用真情关爱学生，用温馨感染学生，使学生在接受体贴入微的服务中受到感召和教化。

第四，教育者进行价值引导的基本要求。教育者作为学生发展道路上的重要“他人”，其使命在于唤醒生命，激扬生命，引导学生不断迈向更高的生命层次。教育者的价值引导不仅影响学生在校期间的发展，也将对学生的整个人生都产生深远影响。可以说，教育者承载的是一种生命重托，使命神圣，责任重大。这要求教育者在价值引导过程中必须达到一定的要求。其一，要有明确的价值认知。传道者自己首先要明道。教育者在文化育人过程中要对“培养什么样的人、怎样培养人、为谁培养人”的问题有一个清晰的认识，并围绕教育“立德树人”根本任务的角色担当、价值观发展、教育使命及对促进学生发展和社会进步的价值作用，深刻认识自身深切体察学生的情况及思想困惑，将自身存在与学生发展和社会进步紧密结合起来，主动追求自身存在的价值。其二，要有坚定的价值立场。传道者自己首先要信道。教育者要坚持马克思主义的价值立场，以理性的态度和方式观察和分析当前社会中存在的一些不良现象及学生中存在的一些思想认识问题，正视社会生活中以及学生所面临的价值冲突，在对多元文化价值观保持一定宽容和理解基础上，积极引导学生树立社会主义核心价值观，追求高尚的人生境界。同时，保持自己独立的人格，不轻易受外界不良因素所左右，坚定自己的理想信念，执着地朝着自己认准的目标努力，最终以自己的深邃、理性、独立、执着去影响、去激励学生成长。其三，要树立自身良好形象。传道者首先要行道，以身立教是最具影响力和感染力的。孔子说“其身正，不令而行，其身不正，虽令不从”，因此，教育者要培养学生成为什么样的人，自己首先要成为什么样的人。教育者“品德高尚、行为端正”本身就是一种宝贵的教育资源，对学生价值观的形成与发展具有潜移默化的影响作用。教育者具有的任何优秀品质，都会通过自己的言行被学生感知，并成为一种榜样力量，引导学生在价值追求和自我完善的道路上不断前行。

总之，良好的教育是引领学生自己“去观察”“去感悟”“去判别”“去表达”。教育者不仅传承文化，更为丰富学生情感、磨砺学生意志、完善学生道德引路，他们凭借对学生的尊重与关爱感召学生的心灵，引领学生的成长，这对教育者自身的素质提出了内在的要求。

（二）教育者价值引导力提升策略

教育者自身综合素质的高低决定其价值引导力的大小。教育者的综合素质越高，其价值引导力就越强，反之，教育者的综合素质越低，其价值引导力就越弱。要提升教育者的价值引导力，必须从提高教育者综合素质抓起。教育者综合素质的提升，一方面来自学校多渠道的促进，一方面来自教育者自身的努力。

第一，在学校层面要多渠道促进教育者素质提升。习近平总书记在全国高校思想政治工作会议上提出要从选拔、培训、实践、激励入手，整体推进高校思想政治工作队伍建设，保证这支队伍后继有人、源源不断。这是党对高校思想政治工作队伍建设的总体要求，也是党对提升高校教育工作者综合素质的基本策略。

其一，要加强教育引导和培训。学校价值观是大学精神文化的集中体现，对教育者的价值观与教育行为方式具有重要影响。学校要着重加强大学精神培育，对学校历史发展进程中形成的优秀精神品质和精神内涵进行深入挖掘；着重加强校风、教风和学风建设，推进学校规范办学，依法治校；着重培育教育者的价值共识，通过广泛讨论和深入宣传引导广大教育者对学校价值观形成共识，同时加强文化凝炼，使之成为全校师生员工耳熟能详且内心认同的重要价值标准，为教育者实施文化育人活动提供价值指导。对教育者培训要分层次、分类别进行。培训种类不同，教育目标也有所不同，教育培训要结合培训对象的工作需要和自身发展需要，以解决现实问题为导向，由培训对象自主选择培训内容和方法，以增强培训的针对性，如针对价值观教育理论基础薄弱者举办相应的理论培训班；针对在价值引导策略、方法、手段运用方面有待提升者，举办相应的实战技术研讨班等。

其二，要强化实践锻炼。教育者的价值引导力从本质上讲是教育者在教育实践中智慧的体现，需要教育者在大量的教育实践中不断进行探索、不断积累教育经验。因此，学校要积极创造条件，赋予教育者更多的教育自主权，鼓励教育者大胆进行实践探索和工作创新，鼓励他们走出校园，感受社会的发展和时代的挑战，以充分调动他们的教育自主性和创造性。精品化的文化育人活动设计既能展现出教育者的价值引导意识，也能从中分析出教育活动所具有的价值引导性。学校可以通过开展各种品牌性或创新性文化育人活动的评比、文化育人经验交流、成果展示等，激励教育者积极进行教育探索，在实践中锻炼和提升自己。

其三，要健全激励机制。文化育人是一项努力在当下、见成效在未来的工作，实施文化育人必须立足长远，远离功利。为此，学校要建立科学的教育评价机制。对教育者的工作评价要避免简单的指标化和功利化，比如只追求开展教育活动的数量，而不注重深层次的教育质量等。要以科学的教育观、人才观、质量观为评价基础，除了采用终结性评价来评价教育者的工作业绩之外，还要建立形成性评价，“通过形成性评价”，对教育者发展过程中存在的问题进行及时鞭策与矫正。要建立科学民主的管理制度，保障教育者对学校的各项重大决策拥有知情权、参与权或监督权，充分发挥他们在学校管理中的主体作用，进而培养他们的主体意识，激发他们自主发展的动力。要建立科学的人才选拔制度，让真正的德才兼备之人走上重要的工作岗位，发挥更大的作用。

第二，从教育者自身层面，要加强自我教育和自我完善。教育者要充分发挥自身的主体作用，通过各种方法不断提高自身的发展水平，提升价值引导力。其中最重要的是要抓好自身的理论学习和经常性的自我反思。

其一，要加强理论学习，增强价值引导的理性。教育者的价值引导力不是与生俱来的，是经过不断学习积累，在对各领域知识整合基础上逐步形成的。所谓价值引导力，从根本上讲就是教育者凭借自己的理性思维和价值判断，对教育对象的价值判断和选择所形成的导向力。这种导向力的强弱取决于教育者的理性思维水平，而教育者的理性思维水平又取决于他的理论修养水平。从事任何教育实践活动都离不开教育理论的指导。教育者要提升自己的价值引导力，需要与时俱进，不断加强理论学习，及时更新教育观念，为提升理性思维水平和价值判断能力提供理论支撑。教育者加强理论学习，一方面要在教育理论学习基础上尽可能多地涉猎各学科领域，学会融会贯通，为价值引导打下广泛的理论基础；另一方面要结合自己的实际有选择性地进行理论学习，如主动查缺补漏，针对自己理论上的薄弱之处查找文献进行学习弥补；如坚持问题导向，对自己遇到的困惑难解的问题，通过查阅相关文献、阅读相关书籍，解决疑惑；如坚持学习创新，在学习之后结合个人教育实践创造富有个性化特征的育人理论。教育者的理论学习是为了解决教育问题，为了更好地教育实践。因此，教育者在理论学习过程中，要将学到的理论知识与教育实践相结合，既不机械地照搬理论，又不仅局限于实践经验。

其二，要勤于自我反思，提高价值判断和选择能力。教育者要引导学生做出科学、合理的价值判断与选择，必须自己在面临各种现象和事件时要能理性地做出谁对谁错、谁好谁坏、谁优谁劣的价值判断，只有在教育者自己判断正确的前提下，才可能对学生进行正确的价值引导。而教育者的价值判断和选择能力更多地来自自我反思。教育者对自身工作、对教育形势、对所遇到的各种现象和事件经常进行自我反思，对提升其价值判断和选择能力具有重要作用。一名教育者如果缺乏反思的意识和品性，那么他很难从肤浅、感性、庸俗走向深刻、理性和高尚，也很容易沉沦于世，被环境和他人所左右，这样的教育者难以胜任大学生的价值引导工作。“当前广大教师之所以会出现价值迷茫和价值混乱，其中一个很重要的原因就是缺少必要的反思，在多元价值面前不能做出明智的判断和选择。”因此，教育者要不断提高自身的价值判断与选择能力，必须牢固树立自我反思意识，养成自我反思习惯，经常自觉审视和反思自己在价值引导中的价值立场和价值取向，尤其是一些习惯性的思维观念、不经意的举动，使自己成为一名在不断反思中增强理性的教育者和价值引导者。

具体地讲，教育者要经常反思如下几个方面问题：一是要经常反思自己的职责及自身存在的价值是什么，自己教育行为是否具有合法性与合理性；二是要经常反思开展某项教育活动的意义是什么，是否以促进学生发展为本；三是要经常反思自己的教育观念是否符合时代发展要求、是否有利于学生发展，尽量避免因思想观念带来的教育偏差；四是要经常反思自身的教育实践，反思自己在价值引导过程中引导是否到位、是否存在疏漏、效果如何、还有哪里需要调整和改进等。教育者只有经常进行自我反思，才能时刻对自身的教育职责与存在意义、对所开展教育活动的合理性、对自身教育价值观念及教育实践成效有一个清晰的认识和把握，对存在的不足及时进行调整、完善，这不仅能有效提升教育者的理性思考和价值判断能力，也是提升教育者价值引导力的必经路径。

二、建设文化育人主阵地

文化载体是文化育人不可或缺的媒介要素，既包括物质文化实体，也包括文化活动形式，它既是主体与客体发生关联的重要媒介，也是各构成要素之间协同作用的重要枢纽，在文化育人中具有不可替代的作用。就高校育人的文化活动形式而言，课程育人、实践育人、环境育人是学校文化育人实践的三个基本文化活动形式，它们在学校立德树人目标的统领下，各自有明确的教育目的，有精心设计选择的教育内容和方法，有育人实践的过程，集教育目的、内容、方法、过程于一身，将文化育人的主体、客体、环境要素有机联系在一起，成为高校文化育人的主渠道、主阵地。要增强文化育人的整体实效，必须将课程育人、实践育人、环境育人协同起来，使三者优势互补，形成合力，充分发挥文化活动载体的主渠道、主阵地作用。

（一）课程育人

大学生在校成长成才，一个最重要的途径就是通过课程学习来获取自身职业发展和综合素质提升所需要的知识、技能和方法。课程学习以提高大学生思想理论认知、专业技能、思维方法、批判意识、科学与人文精神等为主要目标，是大学生立德树人、获得全面发展的主渠道。课程育人即“以课堂、课程、课本等理论教育的方式进行思想、政治、道德等知识的传授”。它作为一种重要的文化活动载体，位于文化育人三大文化活动载体之首，在文化育人中发挥最为重要的主渠道、主阵地作用。

要建设好课程育人的主阵地，充分发挥理论育人作用，首先要加强以文化教育和马克思主义理论教育为主要内容的哲学社会科学课程建设。哲学社会科学课程具有重要的育人功能，它既能帮助学生养成科学的思维习惯，形成正确的价值观，也能帮助学生提高思想道德修养、完善人格。哲学社会科学课程是文化育人阵地建设的重中之重，也是落实“立德树人”任务的根本抓手。中共中央、国务院在《新意见》中指出，要发挥哲学社会科学育人功能。党的十八大报告指出要“推动中国特色社会主义理论体系进教材进课堂进头脑”。习近平在2016年全国高校思想政治工作会议上强调，要用好课堂教学主渠道，一要增强文化教育课程的亲和力和针对性，二要加快构建中国特色哲学社会科学学科体系和教材体系，三要让其他各类课程与思想政治理论课同向同行，形成协同效应。

在当前社会深化转型时期，人们价值取向呈多元化发展，社会文化环境也越来越复杂化，这既给社会主义道德规范提出新挑战，也给文化教育提出新课题。理论教育如果不能紧密联系社会和学生的发展实际，就很难为学生所接受，也很难发挥出课程育人的重要作用。因此，要发挥课程育人的吸引力、说服力和影响力，必须紧密联系社会发展实际和学生思想实际，关注社会发展对学生思想道德产生的影响，关注大学生自身发展，建设大学生的精神家园；必须围绕立德树人根本任务，科学制定人才培养方案，突出“以学生为中心”的教学理念、明确人才培养目标定位、优化教学内容与课程体系、完善实践教学体系、改进教学方法、改革学生学业水平考核与评价、强化学生创新创业能力培养；必须注重将立德树人融入教育教学全过程，注重将促进学生专业发展与促进学生自主发展、全面发展、协调发展相融合，强调夯实基础、拓宽专业、强化实践，培养具有良好的职业素养和社会责任感、创新精神、实践能力和终身学习能力，基础扎实、视野宽、能力强、素质高的专业人才。

（二）实践育人

实践是认识的源泉，也是育人的基本途径之一。美国教育学家杜威提出“教育即生活”，他认为，人就是在生活过程中、在与周围环境的互动过程中，不断积累经验、获得完善和发展的，生活本身就具有教育的意义。文化教育是社会共同生活的需要，其工作的开展也离不开受教育者的生活世界。生活世界是受教育者在实践中感知的世界，它是人们认识世界、改造世界，发展各种能力素质的主要场域，文化教育离不开人们的生活世界，一旦离开，就把文化教育与生活实践割裂开来，使文化教育缺乏针对性和实效性。文化教育只有立足于受教育者的生活世界和他们的生活实践才有其存在的价值和意义。

实践活动对大学生树立正确价值观、增强社会责任感、提高实践能力具有不可替代的作用。实践育人的成效在很大程度上取决于受教育者在生活世界中实践活动的广度和深度，取决于他的感悟和理解。文化教育越是扎根于受教育者的生活实践，越是融于他们的生活世界，它就越有生命力，越容易取得教育实效。中共中央、国务院在《意见》中提出，大学生文化教育要“贴近实际、贴近生活、贴近学生”，进而强调文化教育的人文关怀性和生活实践性。大学生作为实践的主体，只有其主体性得到充分发挥，文化教育的实效性才能得以显现。从这个意义上讲，“融于生活实践”是文化教育发展的内在诉求。

文化育人强调文化价值观念的内化与外化，无论是文化内化与外化都需要个体自身付诸文化行为实践。这种转化实践并非一日之功，而是一个渐进式发展的人文化成的过程，需要融于大学生日常文化生活实践之中。而当前高校文化育人还存在学生知行不一、实践育人不足的问题，要克服这一问题，必须立足于大学生的日常生活实践，充分发挥实践育人的主渠道作用。

实践育人的形式是丰富多样的，育人途径也是非常广泛的。最基本的实践育人途径体现在两方面：一是结合学生日常教育和管理，以一日生活制管理和各级各类主题教育活动为抓手，进一步完善文化教育工作机制，深入挖掘和利用各种主题教育资源，创新教育载体，有针对性地加强大学生文化教育和生活养成教育。二是结合学团建设活动，以学习创新型团组织建设和各级各类文化实践活动为抓手，创新学生干部培养和学生社团建设机制，强化学生投身实践、践行社会主义核心价值观的意识，加强大学生实践创新能力培养。同时以社会实践活动为载体，加强社会责任教育，“培养大学生服务国家、服务社会、服务人民的社会责任感”。

社会实践是正确思想形成发展的源泉。大学生参与社会实践的过程，既是向社会学习的过程，也是更新思想观念、提高实践能力、增长才干的过程。进行实践育人，要按照中共中央、国务院的《意见》要求，积极探索社会实践与专业学习、服务社会、勤工助学、择业就业等相结合的管理体制，认真组织学生参加各级各类实践活动，使大学生在社会实践中受教育、长才干、做贡献，增强社会责任感。

（三）环境育人

环境是指能够影响大学生在校学习生活和成长的整体意义上的校园文化环境。校园文化是指“大学人在长期学术实践活动中日益积累的物质和精神成果的总和”，校园文化从不同的视角有不同的分类，如“物质文化、制度文化和精神文化”三类分法，在三类基础上增加“行为文化”的四类分法，以及在四类基础上增加“组织文化”的五类分法，等，目前学术界普遍认可的是三类分法，其中精神文化是校园文化的核心和灵魂，表现为大学人共同秉持的价值观念和行为准则。校园文化是大学生思想政治工作的重要载体，也是培养创新型人才的重要条件，更是提高大学核心竞争力的重要手段。从价值论角度看，校园文化的根本价值在于对大学生进行文化熏陶、提高其文化选择能力、进行大学文化创造和大学精神文化培育，进而发展社会主义先进文化，引领社会文化健康发展。从育人功能角度看，校园文化对大学生思想行为有着潜移默化的影响，主要有价值导向功能、思想凝聚和激励功能、行为规范和约束功能、情感陶冶功能等。

校园文化的内容十分丰富，不仅具有鲜明的系统性、价值蕴含性，还具有融合共生性，虽然可以按照不同标准进行人为的分类，但当校园文化作为环境育人的载体时，它是以隐性的文化环境整体出现的。校园文化环境育人是以整体的、隐性的、价值渗透的方式进行，是校园文化氛围熏陶、濡染功能的体现。而且它是指校园文化氛围的长期熏陶和濡染，而不是指某一具体活动或某一种具体事件对人所产生的影响。因此，校园文化环境不是自发形成的，而是通过学校自主、自觉地构建而形成的。要充分发挥环境育人的功能，必须自觉加强校园文化建设环境。2005 年，教育部明确要求“要努力加强校风、教风和学风建设优化校园文化环境，优化校园文化营造良好的校园育人氛围”“要加强学校宣传文化阵地建设与管理”，这是对优化校园文化环境的要求，也是对文化育人阵地建设的要求。

构建校园文化育人环境，要认真贯彻党的教育方针，坚持以社会主义先进文化为主导，系统地加强校园文化的软硬件环境建设，要大力加强大学精神文化建设，对学校历史发展进程中形成的优秀精神品质和精神内涵进行深入挖掘，找准其与大学生素质教育的结合点，进一步凝炼学校育人的文化精髓；要大力培育优良的校风、教风和学风，推进学校规范办学，依法治校，切实树立良好的大学形象，提升大学文化品位；要系统建设校园的物质文化环境、观念文化环境、行为文化环境、教学文化环境、学术文化环境、管理文化环境、服务文化环境、网络文化环境、媒体舆论环境等各级各类校园亚文化环境；要完善校园文化建设的组织支撑体系，发挥各文化建设单位的育人主体作用；要完善校园文化建设和文化育人长效机制，全方位营造积极进取、健康向上，具有学校特色的校园文化，进而陶冶学生的情操，净化学生的心灵，使其发挥“润物细无声”的育人功能。

作为高校文化育人的三大主阵地，课程育人、实践育人、环境育人三者相辅相成、优势互补，共同构成一个完整的高校文化育人体系。其中课程育人居于三者之首，是最大、最基础的主阵地，以最规范、最系统、最全面、最直接、最科学的方式发挥其教育引导作用；实践育人，是第一课堂理论教育最有力、最有效的延伸和补充，作为文化育人不可或缺的第二课堂，在促进大学生理论与实践相结合、知行统一方面发挥着重要作用；环境育人，是在第一、第二课堂文化育人之外，校园文化环境从整体上对大学生产生的影响。由于文化环境的影响是一种必然的存在，尽管从序列上排在课程育人和实践育人之后，但其对大学生产生的影响作用是不可或缺、不可替代、不能忽视的。对高校而言，只有充分发挥出课程育人、实践育人、环境育人各自的优势，促进三者形成优势互补，协同育人，才是真正建设了文化育人的三大主阵地，也才能提高文化育人实效。

参考文献

[1] 白显良.隐性文化教育基本理论研究[M].北京：人民出版社，2013.

[2] 蔡劲松.大学文化理论构建与系统设计[M].北京:文化艺术出版社,2019.

[3] 陈秉公.文化教育学原理[M].北京：高等教育出版社，2016.

[4] 邱伟光，张耀灿.文化教育学原理[M].北京：高等教育出版社，2014.

[5] 陈殿林.青年亚文化对大学生文化教育的影响机制研究[M].北京:光明日报出版社，2017.

[6] 陈军科.人的解放与文化自觉——现代人文精神论纲[M].银川:宁夏人民出版社，2017.

[7] 陈文通.重温经典：拜访马克思——七个重大理论问题[M].北京：中央文献出版社，2019.

[8] 董云川，周宏.大学的文化使命——文化育人的彷徨与生机[M].北京：人民出版社，2018.

[9] 樊浩.文化与安身立命[M].福州：福建教育出版社，2019.

[10] 樊浩等.中国大众意识形态报告[M].北京：中国社会科学出版社，2012.

[11] 房广顺等.马克思主义整体性研究[M].北京：中国社会科学出版社，2012.

[12] 费孝通.文化与文化自觉[M].北京：群言出版社，2010.

[13] 费孝通.中国文化的重建[M].上海：华东师范大学出版社，2013.

[14] 韩延明等.大学文化育人之道[M].北京：高等教育出版社，2013.

[15] 胡光宇.中国共产党文化建设[M].北京：人民出版社，2011.

[16] 胡显章.先进文化建设中的大学文化研究[M].北京：高等教育出版社，2019.

[17] 贾志红.马克思总体生产思想研究[M].北京：人民出版社，2012.

[18] 李海彬.中国文化的复兴之路——中国文化现代化转型的哲学思考[M].北京：北京师范大学出版社，2011.

[19] 李申申等.传承的使命：中华优秀文化传统教育问题研究[M].北京：人民出版社，2011.

[20] 李宗桂.传统与现代之间：中国文化现代化的哲学省思[M].北京：北京师范大学出版社，2011.

[21] 刘洪.文化育人[M].北京：商务印书馆，2012.